Zum 75.ten Ge...

von

Dr. Wimer

Egon M. Binder

Alte Bräuche – frohe Feste

Egon M. Binder

Alte Bräuche – frohe Feste

zwischen Donau, Inn und dem Bayerwald

Bildnachweis:

Bayerwald-Bildarchiv, Grafenau, Seite 1, 88, 89, 93, 97, 99, 112, 116, 119,121,123,125
Egon M. Binder, Grafenau, Seite 7, 8, 10, 15, 17, 25, 27, 32, 36, 75, 77, 104, 109
Roland Binder, Deggendorf, Seite 6, 11, 13, 19, 20, 21, 39, 47 (2), 49, 50, 51, 61, 63, 64, 83, 85, 86, 103, 111, 128
Karl-Heinz Paulus, Falkenbach, Seite 35, 69, 71, 107, 115, 126
Karl-Heinz Roider, Passau, Seite 43, 73
Jörg Schlegel, Passau, Seite 22, 31, 37 (2), 41 (2)
Klemens Unger, Regensburg, Seite 53, 59, 65, 84
Verkehrsamt St. Englmar, Seite 55, 57
Gemeindeverwaltung Aidenbach, Seite 66
Reinhold Steiml, Waldkirchen, Seite 68
Verkehrsamt Rinchnach, Seite 74
Verkehrsamt Furth im Wald, Seite 91
Kurverwaltung Bad Griesbach, Seite 95
Titelseite: Dionys Asenkerschbaumer
Rückseite: „Wasservögel" im Rottal; Foto: Klemens Unger, Regensburg
Stadt Straubing, Seite 80
Gemeinde Aigen am Inn, Seite 113
Foto Maier, Regen, Seite 78

ISBN 3-924484-83-X
1. Auflage 1994
© Neue Presse Verlags-GmbH, Passau
Herstellung: Neue Presse Druckservice GmbH, Passau

Vorwort

Heimat, das ist ein Begriff, der ähnlich wie das Wort Liebe im Herzen eines Menschen fest verwurzelt ist, nach der man sich sehnt, die man nie vergißt, ganz gleich, wie oft man dazu aufbrechen muß, eine neue Heimat zu finden. Doch zur Heimat gehören nicht nur liebgewonnene Menschen, nicht nur wunderschöne Berglandschaften und weite, einladende Täler, rauschende Flüsse und unauslöschliche Erinnerungen aus der Kindheit, sondern auch die alten Bräuche und die einprägsamen, immer wiederkehrenden Feste, die die Menschen im Jahresring ein ganzes Leben begleiten.

Die fröhlich gefeierten Bräuche wie festlichen Traditionen stehen der Gleichmacherei, der Eile unserer Zeit entgegen, sind die letzten Bollwerke gegen das Alltagseinerlei wie Profitstreben, ganz gleich, ob die Traditionen kirchlich oder weltlich geprägt sind. Brauchtumspflege hat nichts mit einer schöngeredeten Verklärung der „guten alten Zeit" zu tun, sondern es wird einfach eine nachvollziehbare Überlieferung gesucht, um ein elementares Bedürfnis nach Geborgenheit, nach der Väter Sitte zu stillen.

Es gehört zur Eigenart, zum Typ und Charakter der Altbaiern, daß sie gerade in der Brauchtumspflege ihr Inneres nach außen kehren, sich dabei so gehen, wie sie von Herzen empfinden und sich so recht nach barocker Lebensweise freuen können. Da geht natürlich nichts ohne Solidarität, besser gesagt ohne den dörflichen Zusammenhalt, denn Brauchtumspflege ist nichts für Einzelgänger und Weltabgewandte, sondern dazu gehört ein Heer von hilfsbereiten Bürgern.

Sicher läßt sich darüber streiten, was echtes Brauchtum ist und was in neuerer Zeit in Unbrauch, in Fremdenverkehrsattraktionen und Beutelschneiderei zum Auffüllen von Vereinskassen ausartet. Dennoch aber: auch Bräuche entwickeln sich fort, passen sich den Bedürfnissen unserer erlebnishungrigen Zeit an.

Gerieten gerade in der Zeit nach dem Zweiten Weltkrieg viele Bräuche genauso wie die alten Bauernmöbel in Vergessenheit, versanken ins Wertlose, so waren es heimatbewußte Menschen, die in den siebziger Jahren wieder von der alten Brauchtumsliebe, die ihnen ja noch von ihrer Kindheit her liebevoll ans Herz gewachsen ist, „gepackt" wurden, um Traditionen wieder aufleben zu lassen. Und ihre Begeisterung hat in Stadt und Land Hunderte, ja Tausende von Menschen so richtig angesteckt, ließ sie gerne in historische Kostüme schlüpfen, um nicht nur bei Festspielen die Geschichte ihrer Städte und Märkte zu spielen, sondern auch die Dörfer wieder geselliger, ja lebendiger und damit lebenswerter zu machen.

Das hat nichts mit schauspielerischer Heimattümelei zu tun, sondern mit echter Überzeugung, daß vieles, was die Städter für einen Aberwitz hielten, einfach in unsere Landschaft gehört gleich wie die alten Denkmäler, von denen sich ebenfalls keiner trennen wird.

Mit diesem Buch soll versucht werden, einen Rückblick in die Brauchtumsgeschichte im Land zwischen Donau, Inn und dem Bayerischen Wald, zwischen Rottal, Gäuboden und der Grenze hin zum Böhmerwald zu tun. Es will aber auch aufzeigen, wie sich

Palmgertenträger in Kößlarn im niederbayerischen Rottal.

5

doch diese Brauchtumswelt und die Feste gewandelt und weiterentwickelt haben.

Gleichzeitig soll bewiesen werden, daß es die Altbaiern stets verstanden und immer noch besser verstehen, glanzvolle Feste auszurichten, alte Überlieferung mit neuem Leben zu erfüllen, und das ein ganzes Jahr hinweg fast ohne Pause, angefangen von Neujahr bis hin zu Silvester.

Der Reigen der lokalen Festlichkeiten ist so weit gespannt, daß natürlich nicht alle zum Besuch lohnenswerten Ereignisse in diesem Buch in Wort und Bild dargestellt werden können. Dennoch aber möchte diese Sammlung von Aufzeichnungen vieler Autoren, die darüber in Zeitungen und Zeitschriften wie Büchern geschrieben haben, eine Einladung dazu sein, noch bewußter durchs Jahr zu gehen, sich noch mehr an den Festlichkeiten zu erfreuen, die dieses schöne Land seinen Bürgern wie seinen Gästen zu bieten vermag.

Schließlich kann man die Menschen landestypisch am besten danach beurteilen, wie sie zu leben und feiern verstehen. Deshalb wurde dieser Gang durchs Jahr auch mit so mancher Anekdote aufgehellt, da Bräuche ja nicht von Daten und Fakten, sondern von Menschen leben, die sie so recht ausfüllen.

Beim Lesen und Betrachten der Bilder in diesem Buch wird sich jedermann daran erfreuen können, daß die Menschen, die hierzu in ihrer lebendigen Erlebniswelt Modell gestanden sind, ihr Herz am rechten Fleck, nämlich fest in ihrer Heimat verankert haben.

Egon M. Binder

Wohl alpenländischen Ursprungs sind die Perchten, die zu den Zeiten der Rauhnächte und im Fasching auch das niederbayerische Rottal „unsicher" machen.

Tiefverschneit zur Jahreswende: das Schutzhaus am Dreisessel, dem Dreiländerberg an den Grenzen von Bayern, Böhmen und Österreich. ▶

6

JANUAR

Das Neujahr

Kein anderes Datum im Kalender als die Nacht von Silvester zum Neujahr verlockt mehr dazu, einmal den Schleier zwischen Gegenwart und Zukunft beiseite zu schieben. Die Neujahrsnacht ist eine Losnacht, in der man über seine Zukunft das Los ziehen oder werfen kann, und zwar durch Bleigießen, Pantoffelwerfen, Zaunsteckenzählen und dergleichen mehr.

Beim Bleigießen schmilzt man in einem Blechlöffel ein Stück Blei und läßt die flüssige Masse in ein Gefäß (Schaff, Schüssel) mit Wasser rinnen. Aus der Form, die sich bildet, schließt man, ob einem Freud oder Leid, Hochzeit oder Tod beschieden sein wird. Beim Pantoffel- oder Schuhwerfen wirft man den Pantoffel bzw. Schuh über seinen Kopf, und in die Richtung, in welche die Pantoffel- bzw. Schuhspitze sieht, zieht man im kommenden Jahr als Braut respektive Bräutigam.

„Beim Zaunsteckenzählen geht man an einen Zaun und zählt die Zaunstecken (Sprießlinge, Sprossen) ab. Der neunte Stecken ist der prophetische. Ist derselbe gerade und fehlerfrei, so ist die Braut, der Bräutigam hübsch, ist er jedoch krumm und knorrig, so ist die Braut, der Bräutigam garstig und böse", heißt es in dem 1914 herausgegebenen Buch „Bauernjahr im Niederbayerischen".

Während das Schuhwerfen und Zaunsteckenzählen so ziemlich in Vergessenheit geraten sind, hat sich das Bleigießen dagegen so durchsetzen können, daß es für Schreib- und Haushaltswarengeschäfte geradezu ein Muß ist, Bleigießsortimente auf Lager zu halten, um mit diesen „Bestecken" ein

Neujahrs-Glückwunschkarte aus der Zeit vor dem Ersten Weltkrieg.

bißchen in der persönlichen Zukunft stochern zu können.

Es war Papst Innozenz XII., der im Jahre 1691 den Anfang eines neuen Jahres auf den 1. Januar festsetzte. Das Kirchenjahr begann nämlich bis ins vierte Jahrhundert unserer Zeitrechnung am 6. Januar, am Tag Epiphanias, dem Tag der Erscheinung des Herrn. Später dann wiederum am 23. Dezember. Diese Regelung galt bis 1691, in dem Papst Innozenz XII. sich für die gesamte Westkirche gesehen auf den 1. Januar festlegte.

Glaube und Aberglaube rücken am Neujahrstag eng aneinander, denn, so ist's im Volks(aber)glauben erhalten, wer am 1. Januar einem Schwein begegnen sollte, braucht sich fürs neue Jahr keine Sorgen zu machen. Ist ihm doch das Glück gewissermaßen rosigleibhaftig über den Weg gelaufen. Nicht anders wäre es, wenn man einen „schwarzen Mann" von der Zunft der Kaminkehrer zu Gesicht bekäme, was freilich an diesen Tagen kaum der Fall

sein dürfte. Ebenso verhält es sich mit dem vierblättrigen Kleeblatt, das wohl im Sommer, leider aber nicht zur Winterszeit, da und dort zu finden ist. Bleibt also allein die Hoffnung auf ein Hufeisen, aber auch diese sind im Zeitalter der Vollmotorisierung in aller Regel vergebens zu finden. Schwein, schwarzer Mann, Kleeblatt oder Hufeisen sind die klassischen Symbole fürs Glück oder für das, was die Menschen darunter verstehen, und es ist nur verständlich, daß sie am Jahreswechsel ganz hoch im Kurs stehen.

Weil sie so selten im Original zu erspähen sind, werden sie gemalt und gedruckt auf Glückwunschkarten verschickt, zusammen mit den besten Grüßen für die kommenden 365 Tage und Wünschen, die immer wiederkehren: nach Gesundheit, Geld und Frieden. Das ist heute nicht anders als es schon zu Zeiten unserer Groß- und Urgroßväter war. Der Geschmack hat sich geändert, ebenso der Stil, in dem diese Karten damals abgefaßt waren. Die Symbole sind die gleichen wie heute; wobei das pralle, rosige Schwein Spitzenreiter sein dürfte. Warum aber ausgerechnet dieses Borstentier? Warum wünschen wir uns und anderen, daß wir und sie, auch wenn es noch so drunter und drüber gehen sollte, dabei „Schwein haben"?

Das Schwein als Trostpreis

Dieser Wunsch geht auf das Mittelalter zurück. Damals waren öffentliche Lustbarkeiten, bei denen es um Gewinn oder Verlust ging, gang und gäbe. Bei vielen solcher Spiele war ein Schwein der Trostpreis. Wer es doch gewann, nachdem ihm alle Chancen unter den Fingern zerronnen waren, hatte „Schwein" gehabt. Sicher hat auch das optimistische Rostrot der Schweine mit dazu beigetragen, daß ausgerechnet dieses Tier, um das ansonsten denkbar wenig Aufhebens gemacht wird, zum Neujahrspostkartenstar und Glückssymbol avancierte.

In der Neujahrsnacht wurden früher die alten Jahreskalender verbrannt, womit aller Vorjahresärger in reinigenden Flammen aufgehen sollte – aber das geschah oft so unbedacht, daß um der gefährdeten Sicherheit willen 1843 ein polizeiliches Verbot „gegen die heidnische Unsitte" erlassen werden mußte –, doch nicht minder heidnisch sind das Silvesterschießen jeglicher Art und das Neujahrsanschießen, das böse Geister und den Winter gleich dazu abwehren, die guten Geister hingegen wecken sollte. Mit „Fraß und Suff" bezeichneten noch vor wenigen Jahrzehnten bäuerliche Dienstboten den Neujahrstag (und andere Festtage). Ein „Schmausbrief" von 1820 aus dem Isartal weist für den Mittagstisch „Suppe, Semmelknödel, zwei Fleisch (zum Schweinsbraten Kraut), Küchel, was sie mögen, eine halbe Bier pro Person" aus. Dort im Gäu wie auf der Waldseite gewann man sich gegenseitig das Neujahr ab. Im Gäu mit ein paar Kreuzern für die Kinder, auf der Waldseite mit Wünschen wie dem „goldenen Tisch für den Vater", ein weiteres Kindsbett für die Mutter, mit „an goldnen Wagen / damit daß das Kinderl / in Himmel ko fahrn" für die Kinder. Nicht hinfallen, nichts verkehrt anziehen, flicken, ausleihen oder verkaufen darf man alter Unglücks- und Glücksverheißung gemäß an diesem Neujahrstag, nur das Unumgängliche arbeiten, am frühen Morgen keiner schwarzen Katze zuerst oder einer alten Frau begegnen, um so lieber aber Kindern.

Noch bis Ende der sechziger Jahre in diesem Jahrhundert zogen in Stadt und Land in aller Herrgottsfrühe Kinder einzeln oder in Freundesscharen von Haus zu Haus, um Nachbarn, Bauern wie Geschäftsleuten das „neue Jahr" abzugewinnen. Das geschah mit dem Aufsagen des Spruches:

Wir wüsch' ma enk
a glücksselig's neu's Jahr,
A Christkindl im kraustn Haar!
A guadö G'sundheit,
A lang's Leb'n
Und an Himmi daneb'n.

Dafür gab's dann zwar keine Reichtümer, sondern in den meisten Fällen ein paar von Weihnachten übriggebliebene Plätzchen, ein Fünferl oder Zehnerl und – wenn's hoch her ging – von nahen Verwandten vielleicht auch Fuchzigerl. Jedenfalls war das Endergebnis des Neujahrsabgewinnens in den fünfziger Jahren, selbst wenn im Dorf an die 50 Häuser abgeklappert wurden, kaum höher als vielleicht mal vier bis fünf Mark.

Neujahrsanspielen

Während jedoch das Neujahrsabgewinnen in den Wirtschaftswunderjahren so ziemlich eingeschlafen ist, da ja keine Eltern ihre Kinder mehr „zum Betteln" schicken wollten, hat das Neujahrsanspielen mit der Gründung von immer mehr Blaskapellen wieder höchste Wertschätzung erlangt. Kein Dorf, kein Haus werden da ausgelassen, wenn es darum geht, einen dem Hausherrn und seiner Familie gerecht werdenden Marsch zu blasen oder die Lieblingsmelodie des einzelnen erklingen zu lassen. Freilich kam es da und dort vor, daß bei solchen Anlässen Mißtöne ins Spiel kamen, wenn mit bestimmten Liedern etwa auf eine Untugend oder gar auf eine verflossene Liebschaft des Hausherrn oder der Hausfrau angespielt wurde.

Ganz vergessen ist der Brauch, der wohl auch von den Schuldnern unserer heutigen Zeit gern gesehen wäre, nämlich, daß Handwerksmeister erst zum Neujahr ihren Kunden eine sogenannte Jahresrechnung schreiben. Bis in die fünfziger Jahre dieses Jahrhunderts üblich war dies beim Schreiner und Schmied, Schuster und Schneider, Wagner wie Spengler. Nicht vergessen werden darf zu Weihnachten oder zu Neujahr, dem Postboten und Zeitungsausträger, Semmellieferanten wie andern das ganze Jahr über dienstbaren Geistern ein kleines Geldgeschenk zu machen.

Gerade um die Jahreswende trifft das heidnische mit dem christlichen Brauchtum zusammen. Dazu gehören auch die Rauhnächte in der Zeit vom Heiligabend bis Dreikönig. Diese zwölf Losnächte sind geheimnisvoll, die Träume in diesen Nächten sollen zeigen, was in den nächsten zwölf Monaten bevorsteht. In diesen „heiligen" Nächten und Tagen war zu allen Zeiten Frieden geboten.

So haben die Vorväter die „Zwölfnächte" zum Hämmer- und Schwerterfrieden erklärt. Sie löschten die Schmiedefeuer und stellten die Hämmer beiseite, damit in diesen Tagen kein Schwert geschmiedet werden konnte. Damit zwangen sie sich selbst zu überdenken, ob es nicht doch einen anderen Weg gäbe als den Kampf.

Am Fest der Taufe Jesu, im neuen Jahr am 11. Januar, endet der Weihnachtsfestkreis. Danach werden die Christbäume wieder abgeräumt, die Sonne steigt, und es dauert nicht mehr lange, bis die „Narren" das Zepter übernehmen.

Waldkirchner Rauhnacht

Am Abend vor dem Heiligdreikönigstag gehört der historische Marktplatz der Stadt Waldkirchen ganz ihnen: den Hexen und Druden, Teufeln und wie die Rauhnachtgespenster sonst noch heißen mögen. Ein Brauch, der nach dem Zweiten Weltkrieg so ziemlich eingeschlafen ist, feiert dann fröhliche Urständ. In den Gewölben des „Baron-Kellers", einem urgemütlichen Gewölbekeller, versammeln sie sich, die Rauhnachtsgeister, um dann Schlag Mitternacht ihren Spuk auf dem historischen Marktplatz so richtig auszuleben.

Da wimmelt es dann von Hexen, Druden und Galgenvögeln, die sich um einen Galgen versammeln, an dem eine Hexengestalt geknüpft ist. Gar schaurige Gesänge ertönnen in dieser oft vor Kälte klirrenden Winternacht. Man verliest eine Litanei der ortsüblichen Untaten und tanzt solange um den Galgen, bis schließlich die Strohpuppe vollends in Flammen aufgegangen ist.

Doch damit nicht genug. Anschließend setzen sich die Rauhnudelsänger in Bewegung, um ihr altüberliefertes Lied erklingen zu lassen.

Heut is d'Rauhnacht!
Wer hat s'aufbracht?
An alta Ma!
Is üba d'Stiagn abakrocha,
hat sie zwoa Boanl abrocha.

Wer muaß 's büaßn?
D' Bäurön mit 'n Küachln.
Kropfa heraus! Kropfa heraus
oda i stich a Loch ös Haus!
D'Schlüssln höri' klinga,
Kropfa wern s'ma bringa:
Mir zwö, dir zwö,
kinn ma mitananda geh!

In dem am Marktplatz angrenzenden Gasthof Meindl-Hobelsberger stößt der Anführer der Rauhnudelsänger dann mit einer Garbengabel das Fenster auf, für den Wirt eine eindringliche Aufforderung, daran das Schmalzgebäck, also die Rauhnudel, zu stecken. Und für das Ende dieser Nacht zieht sich dann die Spukgesellschaft wieder in den „Baronkeller" zurück.

Einmal im Jahr, am Vorabend des Heiligdreikönigstags, wird am Marktplatz von Waldkirchen die Hex' verbrannt.

Zeitgenössische Darstellung des Hexentreibens in den Rauh- und Losnächten.

Drei „Könige" ziehen mit dem symbolischen Sternträger von Haus zu Haus, um auch heute noch an die Weisen aus dem Morgenland zu erinnern, die einst das Christuskind suchten.

Die Heiligen Drei Könige

Am 6. Januar feiert die Kirche seit den ältesten Zeiten die Erscheinung (Epiphania) des Herrn. Bis zur Mitte des 4. Jahrhunderts beging man in Rom den 6. Januar als Geburtstag Jesu. Nach der Verlegung des Geburtstagsfestes blieb im Abendland die Huldigung der Magier das wesentliche Ereignis des 6. Januar. Der Volksmund redet aber nicht von ihnen, sondern immer nur von den Hl. Drei Königen. Die kamen freilich erst im 12. Jahrhundert recht zur Geltung, nachdem ihre vermeintlichen Reliquien von Rainald von Dassel im Jahre 1164 nach Köln überführt worden waren.

Der 6. Januar ist der letzte Tag der „Zwölften" und gilt noch vielfach als Abschluß des alten und eigentlicher Beginn des neuen Jahres und heißt dementsprechend „Großneujahr". Er und die ihm vorhergehende Nacht ist voller Wunder. Das um Mitternacht geschöpfte Wasser soll große Heilkraft haben. Der Tag hat sich jetzt um einen Hahnenschrei oder gar um einen Hirschsprung verlängert.

Etwas kühner war der früher umgehende Glaube: Wer Weihnachten, Neujahr und Dreikönig etwas stiehlt, ohne erwischt zu werden, der kann das ganze Jahr über sicher stehlen.

In Bayern feierte man früher den Dreikönigstag in fröhlicher Gesellschaft, weshalb der 6.-Januar-Abend auch die „feiste Rauhnacht" genannt wurde. Im übrigen sollte man auch am Dreikönigsabend einen Blick in die Zukunft tun können, woher der alte Brauch des Bleigießens entstammt. Wenn es am Dreikönigsabend friert, so friert es angeblich sechs Wochen lang hintereinander. Tropft es vom Dach, so soll man mit dem Viehfutter sparsam umgehen; denn der Lenz ist noch weit. Am Dreikönigstag werden auch jetzt noch allerlei Gegenstände in der Kirche geweiht, vor allem Wasser, Salz und Kreide. Die letztere dient dazu, die Namen der drei Könige (K. M. B.) an die Türen zu schreiben, was bedeuten soll: „Kaspar, Melchior und Balthasar, behüt uns dieses Jahr vor Feuer- und Wassergefahr!" Die Kirche jedoch sieht es geistlicher und läßt C + M + B anschreiben, was heißen soll: „Christus mansionem benedicat".

Obwohl sie ja einst fernab von Ostbayern ausgezogen sind, um das Jesuskind zu suchen, das bis dahin nur Maria und Josef, Ochs und Esel zur Gesellschaft hatte, sind die Heiligen Drei Könige den Bayern so heilig, daß sie an ihrem Tag jegliche Arbeit ruhen lassen. Am 6. Januar wird nicht gearbeitet, sondern man erwartet an diesem Feiertag oder schon tags zuvor, diese königliche Gesellschaft, die von einem Sterntrager angeführt wird. Zumeist sind es heute die Ministranten, die mit dieser Brauchtumspflege für die Hungernden in der Dritten Welt sammeln. Sie räuchern einem nicht nur das Haus mit Weihrauchdüften aus, sondern malen, so gut sie es nur können, auch an die Haustür ihre Anfangsbuchstaben von Kaspar, Melchior und Balthasar und dazu die jeweilige Jahreszahl, also: 19 K + M + B 95.

Bis in die Jahre vor dem Zweiten Weltkrieg verdienten sich damit nicht nur Kinder, sondern auch erwachsene Männer ein Zubrot, das nicht selten auch in ein Zechgelage umgesetzt wurde, so daß zumeist von ihrem Dreikönigslied das Verserl übriggeblieben ist:

Die heiling Dreikini mit ihrigem Stern,
die essen und trinken und zahlen nicht
gern!

Aus der Gegend um Bayerbach bei Griesbach ist dieses auch heute noch gerngesunge Dreikönigslied überliefert:

Dheilön drei Küni san hochgeborn,
Sie reisen daher mit Stiefel und Sporn,
Sie reisen daher vor Herodes Haus,
Herodes schaut selba
vom Fenster heraus:

Kehret ein! Kehret ein alle drei,
Ich will euch halten zierungsfrei!
Ich will euch zu essen und trinken gebn
Und heut Nacht zu Schlafen leng.

Schlafa leng is uns nöt gnua;
Mia müassen heut noch weiter ziehen,
Weiter ziehn in die offene Stadt,
wo Josef und Maria das Christkind
geboren hat.

Wer auf sich, seinen Familiengeist und christliche Tradition etwas hält, letztere aber wohl mehr dem Heidnischen entsprungen ist, der verläßt sich mit dem Ausräuchern der Wohnung mit Weihrauch nicht allein auf die Heiligen Drei Könige, sondern entnimmt dem Ofen ein wenig Glut, die er auf ein kleines Schäufelchen bzw. in ein altes Kohlebügeleisen gibt, streut darauf Weihräuchkörner, um so seinen Besitz wie mit einem Rauchfaßl zu beräuchern. Von Kindern beliebt ist es, mit der am Nachmittag in der Pfarrkirche geweihten Kreide alles Inventar, dazu auch Fahrzeuge, mit drei kleinen Kreuzchen zu beschreiben und daneben das mit der Milchkanne oder einer Weinflasche aus der Kirche mitgenommene Dreikönigswasser zu besprengen. Letzteres geschieht am besten mit den im Vorjahr gesegneten Palmzweigen, die ja unter den Dachsparren ein ganzes Jahr aufbewahrt werden und das Haus vor Blitzschlag und Sturm schützen sollen.

Sankt Sebastian

Der heilige Sebastian ist überall dort, wo man auf Apfel- oder Birnenmost schwört, nicht nur als Pestheiliger, sondern auch als Mostheiliger bekannt. Denn: der mit Pfeilen durchbohrte Heilige war seit mittelalterlichen Zeiten im besonderen der Patron gegen den Schwarzen Tod, die Pest. Im Altertum glaubte man nämlich, die erzürnten Götter würden die Menschen mit Giftpfeilen traktieren und ihnen damit tödliche Krankheiten wie die Pest übertragen. In vielen Städten wurden deshalb zu mittelalterlichen Zeiten Sebastiani-Bruderschaften gegründet, um mit gemeinsamen Gebet oder auch Umzügen am Namenstag des Heiligen sich vor dieser schlimmen Krankheit zu schützen.

Die Hirnschale des mit 256 Pfeilen getöteten römischen Offizieres hatte der Papst im Jahre 931 dem Schloßherrn Eberhard von Sempt mit nach Bayern gegeben, so sie in Ebersberg den Wallfahreren dazu diente, Wein daraus zu trinken. Damit aber der Schutz des Heiligen auch zu Hause anhielt, verkauften die Jesuiten den Wallfahrern goldene und silberne Pfeile, die man an die Original-Hirnschale hielt, damit so die magische Kraft auf diese Wallfahrtsmitbringsel überging.

Bis heute haben sich vor allem in Deggendorf große Sebastiani-Prozessionen erhalten, zu denen jeweils am 20. Januar aufgebrochen wird.

Durch die Straßen von Deggendorf zieht am 20. Januar die Sebastiani-Prozession in Erinnerung an mittelalterliche Zeiten, in denen der Schwarze Tod auch an der Donau reiche Ernte hielt.

FEBRUAR

Mariä Lichtmeß: Die Dienstboten fanden einen neuen Herrn

Mariä Lichtmeß, das war einst der größte Feiertag für Magd und Knecht, aber auch für den Bauern selbst, der an diesem Tag für ein ganzes Jahr lang seine Dienstboten dingte.

Der 2. Februar, an dem es auch heutzutage landauf und landab noch viele Jahrmärkte gibt, war auch jener Tag, an dem man sich beim Wachszieher mit Kerzen für alle wichtigen Anlässe im Jahr bevorratete. Die Wetterkerze, die bei einem aufkommenden Unwetter angezündet wurde, durfte hierbei ebensowenig fehlen wie die Taufkerze, Kommunion- wie Sterbekerze oder das Wachsstöckl, das zu jedwelcher religiöser Gelegenheiten angezündet wurde.

Einkauf von Wachslichtern für ein ganzes Jahr

Wie sich ein solcher Lichtmeßtag einst abgespielt hat, wurde von der Oberlehrerin Berta Camilla Usselmann von Ering am Inn so aufgeschrieben:

„Lichterweihe und Lichterprozession geben dem Lichtmeßtag eine besondere Weihe. Es werden alle Kerzen geweiht, die man während eines Jahres benötigt. Und mit den Lichtern wird im bäuerlichen Leben nicht gespart. Sie brennen zur Taufe, zur Kommunion, in der letzten Stunde eines Menschen, bei den abendlichen Samstagsrosenkränzen und am Lichtmeß- und Allerseelenabend, zu Weihnachten und bei Seelenmessen, auf den Gräbern am Allerheiligen- und Allerseelentag, in der Christnacht.

Auch in Wettersnot werden sie entzündet. Ganze Körbe voller Kerzen wurden zum Gotteshaus geschleppt: Haus- und Sterbekerzen, die kleinen schwarzen Wetterkerzen – die Farben Schwarz und Rot galten als dämonenabweisend –, dünne, bunte Pfennig- oder Dreikreuzerkerzln und dazu die vielen Wachsstöcke in mannigfacher Ausführung. Einen Wachsstock schenkten der Göd und die Godn (Pate und Patin) ihrem Firmling, der Hochzeiter seiner Braut zur Hochzeitsmesse, der Knecht zu Lichtmeß derjenigen Dirn (Magd), die ihm das ganze Jahr hindurch aufgebettet, das heißt sein Stroh- oder Federbett gerichtet hat.

Wie schön und reich waren alle diese Wachsstöcke verziert! Um ein Heiligenbild aus Wachs oder Papier, früher auch oft unter einem gewölbten Glasdeckel, rankten sich bunte Wachsröslein und Wachsblumen. Im ‚Gläserkasten‘ in der guten Stube waren sie fein säuberlich ausgestellt. Am Wachsmarkt in Triftern und Tann gab's dereinst ganze Wachsbuden. Beim Wachszieher, einem der allmählich aussterbenden Handwerker, kauften die Bauersleute ihren Lichterbedarf vor Lichtmeß ein.

Dreierlei Bienenerzeugnisse konnte man bei ihm erstehen. Nachdem der Lichtereinkauf getätigt war, ließ der Bauer seiner Hausmutter, der Bursch seinem Schatz süßen Met auftischen und zuletzt kam der Lebzelter zu seinem Recht und bot die schönsten und leckeren Honigkuchen oder Lebzelten für die Herzallerliebste oder die Kinderlein daheim.

Am Abend des Lichtmeßtages wurden die neuen Pfenniglichtln benutzt. Vor dem großen Bauerntisch im Herrgottswinkel kniete die ganze bäuerliche Hausgemeinschaft, und für jeden Beter brannte ein geweihtes Wachslichtl auf dem Tisch, aufgespickt auf einem Span. Wiederum glaubte man, jener werde als erster sterben, dessen Licht als erstes erlosch.

Der Lichtmeßtag war auch der bäuerliche Zahltag für das verflossene Jahr. Ein großer Bauer mußte tief in den Geldbeutel greifen. Je nach dem Rang und Alter der Ehegatten richtete sich der Lohn. Obenan stand der Baumann oder Bamer, ihm folgten der Roßknecht, auch Rosserer, der Mitterknecht, der Dritte oder Drittler, und als letzter der Stallbub. Bei den weiblichen Dienstboten konnte man vom Kindsdirndl zur Unter-, Mitter- und Oberdirn aufrücken. Zu Großmutters Zeiten gab's noch Kuah- und Saumensch und eine ganze Reihe anderer Menschen. 100 bis 120 Mark hatten sich ein guter Knecht und eine riegelsame Magd in den Jahren nach der Inflation, also in der Zeit nach dem Ersten Weltkrieg, schon verdient.

Dazu gab's die ausgemachte ‚Zughör‘, ein bis zwei Paar Schuhe, ein Paar Pantoffeln, alle vom Störschuster im Laufe des Winters gemacht, dem die Empfänger für jedes Paar ein kleines Trinkgeld zahlen mußten. Außerdem kamen zur Zughör ein Sonntags- oder Werktagsgewand, Arbeitshosen, zwei oder drei ‚harbene‘ Hemden, in alter Zeit aus grober, selbsterzeugter Leinwand vom Störschneider und der Störnahterin angefertigt, und Wolle zu Strümpfen für die Weiberleut, Socken aus derber Schafwolle für die Mannerleut. Die harbenen Hemden waren eine Art Bußgewand für ihre Träger, weil sie so rauh waren, daß sie bei der Arbeit die Haut aufscheuerten. Das bäuerliche Dienstjahr ging immer von Lichtmeß zu Lichtmeß.“

Wachsstöcke, die man vor allem an Mariä Lichtmeß einkaufte, waren einst aus dem Leben der Gläubigen nicht wegzudenken. Sie wurden auch bei den Hochzeiten vom Bräuti gam der Braut geschenkt und in schweren Stunden des Lebens angezündet.

An Lichtmeß wird auch der Tag länger, es geht schön langsam dem Auswärts entgegen, wie die Altbaiern ihren Frühling nennen. Sie freuen sich darüber, wenn zu Neujahr der Tag gegenüber dem Winteranfang im Dezember um einen Hahnenschrei, zu Hl. Dreikönig um einen Hirschensprung und zu Lichtmeß gleich um eine ganz Stund' länger geworden ist.

Zu Lichtmeß ist die halbe Stallfütterungszeit herum. Der Bauer sollte also, nach einer alten Bauernregel, noch mindestens das halbe Futter im Vorrat haben. Eine Wetterregel sagt: „Zu Lichtmeß geht der Bär (oder der Dachs) aus dem Bau; sieht er seinen Schein (Schatten), dann geht er nochmal 40 Tage zum Winterschlaf in seine Höhle." Und ein anderes Sprichwort will beweisen: „Tanzen zu Lichtmeß die Mucken, muß der Bauer nach dem Futter gucken." Es soll also nicht sonnig sein, weil sonst ein spätes Frühjahr zu erwarten ist. Über die Einteilung der Arbeitszeit gibt eine andere Bauernregel Aufschluß: „Zu Lichtmeß soll man die Sonne in den Stall sperren", das heißt, wenn zu Lichtmeß die Sonne untergeht, soll abgefüttert und die Stalltür bereits geschlossen sein.

Sankt Blasius schützt vor Halskrankheiten

Einen Tag später, also am 3. Februar, wird dem heiligen Blasius von den Kirchgehern die Ehr' angetan, um sich „Einblaseln zu lassen".

Die Legende erzählt, daß dieser Heilige einen Buben, dem eine Fischgräte im Hals steckengeblieben war, damit vor dem Erstickungstode gerettet hatte, in dem er ihn segnete.

Während der Geistliche nach der morgendlichen Meßfeier am Blasiustag den knienden Gläubigen zwei gekreuzte Kerzen unter den Hals hält, spricht er Segensgebete, die gleich ein ganzes Jahr lang vor Halskrankheiten schützen sollen.

Eine Legende macht St. Blasius auch zum Patron der Haustiere. Deswegen werden sie in manchen Gegenden am Blasiustag gesegnet oder mit geweihtem Wachs „gewürgt": Man legt ihnen einen Wachsstocksstrang um den Hals.

Mancherorts gilt St. Blasius auch als Wetterpatron. Die volkstümliche Deutung seines Namens bringt ihn nämlich mit „blasen" in Verbindung, das heißt mit Sturm und Wind. So fütterte man am Blasiustag im Böhmerwald den Wind mit Asche, Salz oder Mehl. Man streute diese Dinge in die Luft, auf daß, so glaubte man, Sturm und Wind gesättigt, abgewehrt oder doch beschwichtigt werden könnten.

Weil die Windmüller und Blasmusikanten mit „blasen" zu tun haben, erwählten sie unseren Heiligen als Standespatron.

Der Blasiustag wurde dann für Knechte und Mägde der „Wandertag", wenn sie ihren Dienstplatz wechselten oder der Einstehtag, wenn das junge Bürscherl oder das junge Dirndl schon frühzeitig daran gehen mußte, sich selber ihr Brot zu verdienen.

In einem Schnaderhüpfl heißt es:

Heut' is der Liachtmeßtag,
singend d' Moasn (Meisen).
Morgn is der Blasntag,
müaß ma roasn.

Da fuhren dann durch oft eisige Kälte und Schneegewachel die Schlitten, auf denen der Bauer oder ein Knechtl den neuen Dienstboten samt seiner Habe, in einem Kleiderkasten oder Holzkoffer verwahrt, abholte, einem vielleicht noch ungewissen Schicksal entgegen.

Über das „Einblaseln"

Am Blasiustag erzählt man sich gern die überall bekannte uralte kleine Geschichte von jenem Landmesner, der als Stellvertreter seines verreisten oder erkrankten Pfarrers das „Einblaseln", die Erteilung des Blasiussegens, vornehmen mußte.

Der Kirchendiener hatte am Tage vorher von seinem Herrn einen Zettel bekommen, auf dem die lateinische Segensformel aufgeschrieben war und den der Mesner in seine Werktagshose gesteckt hatte. Heute aber war er in seine Feiertagsmontur geschlüpft, hatte also den Zettel nicht zur Hand. Deshalb dachte sich der Findige und Biedere eine eigene deutsche, noch dazu gereimte Formel aus, nicht kirchlich zwar, aber doch gut gemeint. Und so sprach der Mesner, wenn er den Pfarrkindern die geweihten Kerzen unter das Kinn hielt, die Worte:

I blaslt di ein,
i blaslt di an,
wiar ös dahoam
in der Hosn drin han.

Dasselbe Stücklein wird vom Aschermittwoch erzählt, an dem der Mesner stellvertretend die Auflegung der geweihten Asche vornahm, das „Einascheln", wobei er dann „i aschlt di ein" usw. sagte. Unser Herrgott und sein heiliger Blasius mögen dabei gelächelt und den guten Willen für das Werk gesetzt haben.

Faschingszeit
in Stadt und Land

Wenn auch in Altbaiern der Fasching traditionsgemäß am 11. 11. um 11.11 Uhr beginnt, in Märkten und Städten die Narren die Regentschaft im Rathaus übernehmen, sie aber letztlich dann doch nicht ausüben, kommt diese fünfte Jahreszeit zwischen Donau, Inn und dem Bayerwald erst gegen ihrem Ende hin so richtig in Schwung.

Abgesehen von den Vereinsbällen, die ja schon im Januar die Tänzer in Trab bringen, sind es vor allem der Faschingssonntag und -dienstag, die zu närrischen Umzügen Anlaß geben. Eine besondere Eigenart des Faschings auf dem Lande sind die urigen Faschingshochzeiten.

Eine Hochzeit der Narren

Schon der optische Eindruck vom Brautpaar reizte dabei die Lachmuskeln, denn zumeist war und ist der Bräutigam eine Person von der Größe eines „Saustalltürls", die Braut jedoch eine richtige Bavaria, die den Bräutigam gleich um einige Köpfe überragte. Zu den Narrenhochzeiten wurde auch ordnungsgemäß geladen, und so konnte man z. B. auf einer Einladung der Freiwilligen Feuerwehr aus Thannberg im Jahre 1950 in Fraktur lesen:

„Wir erlauben uns, Sie und Ihre werten Angehörigen zu unserer am Montag, den 20. Februar 1950, stattfindenden ‚Faschingshochzeit' in den Gasthof Jos. Böhmisch einzuladen." Es unterzeichnete dann das Brautpaar: „Baron von Habenichts, Rattenaufzehrer aus Faltershausen, und Georgia Georgowirtsch, geprüfte Mäusevertilgerin von Georgien."

Beim Dorffasching war seit jeher Improvisation gefragt, das ganz gleich, ob man sich zu einer Faschingshochzeit (Bild oben) oder bei einem Faschingszug zusammenfand.

Eine solche Narrenhochzeit war wirklich ein Erlebnis, und gerne bezahlten die Geladenen das Mahlgeld von 50 Dpf. Auf einem „Misthaufen", der auf einem Leiterwagen aufgebaut war, wurde das Narrenpaar getraut.

Ein bißchen anders die Faschingshochzeit-Zeremonie aus der Regener Gegend: Der Brautpaargruppe mit Pfarrer und Ministranten folgte der Mesner mit Jaucheschöpfer als Klingelbeutel, und sammelt fleißig Spenden als Hochzeitsgeschenke ein. Damit auch die entfernter Stehenden alles sehen konnten, hatte man für die Trauungszeremonie diesmal ein Podium errichtet. Da oben vollzog sich dann das vom „Pfarrer" mit „Würde" gebotene Ritual. Der Bräutigam „Waldi, der Flotte" wurde von der schmächtigen Graßl Waltraud, die füllige und blond-rassige Braut wurde von Günter Saller, dargestellt. Hochzeitslader war Georg Sitzberger sen., die Brautmutter Thekla Graßl, der Brautvater Max Edinger, die Kranzljungfrauen Rosmarie Probst und Pia Segl, die Ministranten Evi Probst und Elisabeth Pfeffer, berichtete der „Bayerwald-Bote".

Selbstgeschneidert waren auch die Trauungstexte, und hier sind ja Sitzbergers und Co. wahre Künstler. Anspielend auf die Weißensteiner Rittergeschichte, wurden „Walburga Kunigunde, die III. zu Weißenstein" und „Bulli Kräftig, der elfundzwanzigste von Schwarzenfels" kopuliert.

Dann ging es los mit Blödeleien über das Paar, seine Eltern und Geschwister. Danach kam die entscheidende Frage: „Ich frage dich, Walburga, willst du mit deinen backstein-käsisch-riechenden Plattfüßen in den Bund der Ehe mit Bulli Kräftig treten?" Und an ihn: „Willst du, im Rausch des Größenwahns gezeugter Hippie, die kleine, zarte Walburga begatten." Deren Antwort mit verdrehten Augen: „Jaaa!" Er: „Mei-

netwegn, wenn's sei muaß!" Der Pfarrer will darauf die Trauringe aus der Tasche ziehen, doch es kommen erst einmal ein Ochsennasenring und Handschellen zutage. „So, damit seid ihr jetzt Mann und Frau, und sollt Mindestens 13 Dackel, Entschuldigung, Dirndl und Buam bekommen. Sollt's gsund bleibn und mindestens 29 Jahr alt werden!" Damit war der Bund der Ehe für die letzten zehn Faschingstage geschlossen, und unter Vorantritt der Kapelle ging's ins Wirtshaus zur Schwammasuppn. Für 2 DM wurde ein großer Teller voll samt einem Knödel ausgegeben, und der Erlös floß in die Vereinskassen für soziale Zwecke.

Was im Dorfe die Narrenhochzeit darstellt, war und ist für den Kreisstädter der Hofball. So lud die Stadt Grafenau im Jahre 1949 die Bürger mit folgendem zweifarbig gedruckten „Pergament", auf dessen Vorderseite das Wappen der Narrengesellschaft prangte, zu ihrem Hofball ein. „Wir, Prinz August der Starke, Edler Ritter auf Venusberg und Elsenthal, Ihre Durchlaucht Prinzessin Katharina I. von Atexinien haben allergnädigst geruht, Sie zu unserem Hofball, welcher am 26. Februar 1949 in der Turnhallenresidenz zu Grafenau stattfindet, einzuladen."

Rechts neben dem erlauchten Text hatte der Hoffotograf die Narrenregentschaft abgebildet. „Der Reinerlös kommt den Stadtarmen zugute", konnte man ganz klein auf der durchlauchten Einladung lesen.

Faschingsgesellschaften haben ihre Blütezeit in den sechziger Jahren oft nur schwerlich überdauert, da ja die Idealisten für solch wohlorganisierten Narreteien immer weniger werden. Dennoch aber gibt es sie noch, werden fesche Prinzenpaare gefunden und treten langbeinige wie kurzberockte Gardemädchen reihum bei Faschingsbällen auf.

Auch der Brauch der Faschingshochzeiten hat sich weitgehend erhalten und ist vielfach der Höhepunkt von mehr oder weniger einfallsreichen Faschingsumzügen, zu denen in Märkten und Städten, ja oft selbst in kleineren Pfarrdörfern am Faschingssonntag oder -dienstag eingeladen wird. Dabei werden vor allem auch die lokalen Probleme und Sorgen der Bürger aufs Korn genommen wie die große Politik glossiert. Am aktivsten sind die Mitwirkenden stets dann, wenn eine Kommunalwahl, die ja in Bayern alle sechs Jahre im März stattfindet, vor der Tür steht.

Eine Ballnacht mit den Geistern des Waldes

Wer im Bayerischen Wald nach dem schönsten Faschingserlebnis sucht, dem kann ein guter Tip gegeben werden: Alljährlich am Faschingssamstag wird in Frauenau zur „Frauenauer Rauhnacht" eingeladen. Schon das Einladungssprücherl verrät die gespenstische Maskerade dieses Treffens:

„Der Uhu, Wolf und Luchs,
die Hex, die Drud, der Zaubermeister,
Nachtgespenster, Nebelgeister,
Waldschrat, Kräuterweib und Fee,
Wildschütz, Fledermaus und Reh,
die Wildkatz und der Teufelsbraten,
ihr alle seid heut eingeladen."

Danach richtet man sich auch, denn die Maskerade der meisten Ballbesucher ist wirklich gar gruselig, urweltlich. Hier fehlt es weder an Tod und Teufel, Waldschrat, Männern ohne Köpfen, Galgenstricken, Nachtgespenstern, verwunschenen Burgfräuleins und gespenstischen Tieren des Waldes. Es fehlt auch nicht der Hexentanz, und das Geheimnis, wer sich wohl hinter diesen gar furchterregenden Masken verbirgt, wird nicht vor Mitternacht gelüftet.

So stellen sich die Waldler die Geister vor, die zur Frauenauer Rauhnacht aus den Wäldern des benachbarten Rachel (1453 m) zum Ballvergnügen am Faschingssamstag kommen: einfach schön romantisch wie gruselig.

Dann aber gibt es eine große Masken- prämiierung, viele Überraschungen und natürlich einen Faschingsball, bei dem sich ein an echter Rauhnachts- freude interessiertes Publikum trifft und tanzt. Das ganze Festvergnügen findet im Gemeindesaal statt, und ob- wohl dabei allerhand geboten wird, ist der Eintrittspreis niedrig gehalten, so daß man sich dieses Vergnügen be- stimmt gönnen kann.

Als Gründervater der „Frauenauer Rauhnacht" gilt der im Jahre 1977 ver- storbene Kunstmaler Hermann Erbe- Vogel. Heute wird dieses Fest von Er- win Eisch und seine Gattin Gretl be- treut. Sie sorgen alljährlich mit dem „Rauhnachts-Bürgermeister" Alfons Hanner, Vorsitzender der Jury bei der Prämierung der tollsten Masken, dafür, daß die „Frauenauer Rauhnacht" auch zu einem künstlerischen Erlebnis wird.

Gefährlich für Krawatten- träger: die Weiberroas

Verzichtet aber wird auch nicht auf die Weiberroas am Unsinnigen Don- nerstag, wo es in manchen Büros be- reits am frühen Morgen den Krawatten der Herrn drangeht und diese mit der Schere auf eine Miniform verkürzt wird.

Abends sind die von den umherzie- henden Frauen besetzten Gaststätten für Männer kaum zugänglich, es sei denn, sie geben sich mit einem Platz im Nebenzimmer zufrieden, um dann erst nach Mitternach Einlaß in ihr ange- stammtes Domizil um den Stammtisch zu erhalten.

Der Fasching wird „eingegraben"

Etwas makaber geht es an Fa- schingsdienstagen beim Faschingsein-

Frauenauer Rauhnacht: die Tiere des (Ur-)Waldes sind zum Tanz in den Frauenauer Gemeinde- saal gekommen, was sich alljährlich am Abend des Faschingssamstags abspielt.

Anders als die „Waldgeister" zeigen sich die dämonischen „Faschings-Geister" als Perchten im niederbayerischen Rottal – auf alle Fälle furchterregender…

In Hals bei Passau geben sich die „Halser Hexen" am Faschingsdienstag alljährlich ein Stelldichein.

graben zu. Um Mitternacht zum Aschermittwoch wird ein Trauerzug nachempfunden, der sich aber natürlich nicht am Friedhof, sondern in Wirtshaussälen abspielt.

Ein Beispiel von vielen: Vier kräftige Maßkrugstemmer trugen den Sautrog, in dem sonst nur die Ringelschwänze ihre Borsten lassen müssen, durch die Wirtshaustür und stellten ihn holdripolter neben die Schenke.

Der Sackinger Tonei mußte den Zeremonienmeister und Vorbeter bei diesem Ulk machen. Er ließ sich nicht lange bitten, setzte die Feuerwehrkappe verkehrt rum auf und kehrte das Innere seiner Joppe nach außen. Das Gelächter der Zuschauer stärkte des Toneis Selbstvertrauen in diesem Amt und er fing gleich an mit seiner versoffenen Stimme: „Grob'm man ei oder grob'm man ned ei?", das Volk antwortete dann mit monotoner Stimme „Grob'm man ei".

Erst dann konnte der Sackinger mit der Wirthaus-Litanei, die ihren Schluß in der Dorf-Litanei fand, beginnen. Er ging das ganze Kartenspiel durch, was sich ungefähr so anhörte: „Oichl sima", worauf die Faschingsnachtrauerer immer „nix für uns" antworteten. Erst als der Zeremonienmeister am „Oichl Sau" ankam, folgte die Antwort „dö was" und eine neue Farbe des Kartenspiels kam dran.

In der Zwischenzeit wurde auch einer der Gäste gefunden, der sich zum Eingrabn zur Verfügung gestellt hatte. Am (Bier)Dimpfi Seppei, der den größten „Dampf" hatte, rührte sich nichts mehr, außer dessen Augendeckel. Seine Bedenken bezüglich der Eingraberei seiner selbst wurden mit drei Schnaps zerstreut und seine Bierleiche wurde dann in den Sautrog gewälzt. Inzwischen hatten sich auch zwei weitere Stammtischler gefunden, die mit zwei

Kerzen im Bierflaschenhalter die Szene beleuchteten. Als nach der letzten Strophe der Litanei, die für die verstorbenen Dorfleut' gedacht war, das Gelalle des Sackinger Toneis zu Ende ging, gab er selbst mit der Bierflaschenbesprengung das Zeichen zum großen Aufräumen, Zudecken und Eingraben.

Der Wirt kündigte die Polizeistunde an, und nun wurde der Rest von den Biertischen in den Trog geleert. Halbvolle Bierkrügel, die letzten Rot- und Weißweintropfen, die Aschenbecher, Konfetti und Luftschlangen, Wursthäute und Bierdeckel gelangten dem im Trog seinen Rausch ausschlafenden Dimpfi Seppei zum Segen.

Als nichts mehr zu entleeren war, wurde noch eine Tube Senf über den Ruhenden gespritzt. Abermals aber diesmal zum letzten Mal erklang die Stimme des Zeremonienmeisters mit der Versicherung „Mir ham man eigrobn", worauf die Antwort kam „Hama froah". Die Versammlung löste sich auf und der Eingegrabene wurde mit Schnee wieder zum Leben erweckt.

Der Aschermittwoch

Hoch in Kurs standen einst die Vilshofener Aschermittwochs-Viehmärkte, an denen zum Beispiel im Jahre 1890 an die 1568 Stück Großvieh und 600 Schweine aufgetrieben wurden.

Schorsch Thurnreiter hat darüber folgendes Gedicht verfaßt:

„Um fünfe in da Frua
treibns dö erstn Ochsn her
in da Doanaländ drunt
ist bei dö Stand no leer
heit werns woi üba
zwoahundat Stuck wern
vo de Bauan hät a jeda vo eah
an Keifa gern
beim Handln gehts oft recht laut zua
da steht a Kalbin, dort a trachtig Kua

mit Handschlag is des Gschäft
dan glaufa
da kama nur mit an Bargeld
des Viech kaufa
da Haumann Ernst
fragt iatz beim Käufa o
wo er dö kaufta Kua hitreibn ko
an Strick hod a als Treiba scho dabei
eahm is dös treibn ja schließle net nei
z'Mittag kaufan d'Handla an Rest
vom Viech zam
zu dera Zeit is a da Preis scho lahm
in da Stadt drin kaufans no
an Emmentala Kas
am Kas essn hams im Wirtshaus
erst an Spaß
iatz erst hams fürs Redn
übas Gschäft Zeit
üba an guatn Vakauf
hams eana bsundere Freid."

Im „Vilshofener Tagblatt" konnte man über diese Aschermittwochs-Viehmärkte folgendes lesen:

„Der Zugang vom Bahnhof zur Stadt glich den ganzen Vormittag hindurch einer förmlichen Völkerwanderung. Es herrschte ein solches Gedränge, daß die Leute meist nur noch dahingeschoben wurden. Auf dem Viehmarkt selbst waren die Menschen und Tiere so dicht zusammengekeilt, daß die Kaufer Muhe und Not hatten, sich für den Handel freie Bahn zu schaffen.

Für Unbeteiligte gab es da natürlich immer allerhand zu sehen und zu hören. Der Handel wurde mit allen möglichen derben und urwüchsigen Kraftausdrücken betrieben. Je nach Temperament feilschten ausgefuchste Händler und schlaue Bauern mehr oder minder gestenreich um jede Mark. Ein kräftiger Handschlag besiegelte den Handel. Nachmittags begab man sich dann in die überfüllten Gasthäuser, um sich mit Vetter und Base, Bekannten und Freunden, die man das ganze Jahr über nicht gesehen hat, zu treffen und zu plaudern."

In vielen Ortschaften werden zwar heutzutage weder Großvieh noch Schweine aufgetrieben, dafür aber haben an diesem Tag die „Taubenlack'ln" ihren großen Tag. Denn Taubenmärkte erfreuen sich größter Beliebtheit nicht nur für jene Kleintierfreunde, die das „Rennpferd des kleinen Mannes", also Brieftauben züchten.

Politischer Aschermittwoch zog von Vilshofen nach Passau um

Der Politische Aschermittwoch, zu dem alljährlich Bundes- und Landespolitiker nach Niederbayern kommen, hat seinen Ursprung im 16. Jahrhundert. Seit 1580 kamen in der kleinen Donaustadt Vilshofen am ersten Tag der Fastenzeit Bauern und Kaufleute aus ganz Bayern zu großen Viehmärkten zusammen. An den Viehkauf schlossen sich bald politische Gespräche an. Aber erst 1919 wurden diese Zusammenkünfte parteipolitisch genutzt. Bis 1933 hielt die Bayernpartei am Aschermittwoch ihre Kundgebungen ab. Nach 1945 führte der Bauernverband diese Tradition fort.

Zu bundesweiter Bedeutung gelangte der politische Diskurs seit dem ersten Auftreten der CSU im Jahr 1953 und ihres Stammredners Franz Josef Strauß, der an diesem Tag aus dem Niederbayerischen die Lage kommentierte. 1972 zog Strauß wegen Platzmangels in die größere Nibelungenhalle in Passau um. Seinen Platz im Vilshofener Wolferstetter-Keller übernahm die SPD. Bis zu sieben Parteien, von den Grünen bis zur Bayerischen Patriotenbewegung, versammelten sich in den letzten Jahren am Aschermittwoch in Vilshofen. Später erst hat sich der Politische Aschermittwoch über ganz Niederbayern zerstreut.

Am Aschermittwoch werden die Geldbeutel gewaschen

Der Geldbeutel ist leer – das Bare im Fasching vertan. Wer aber am Aschermittwoch seinen Geldbeutel auswäscht, soll das ganze Jahr über Geldsorgen enthoben sein. Das sagt zumindest der Volksmund. Und die, die alljährlich zum Geldbeutelwaschen an den Eggenfeldener Saubrunnen kommen, glauben wohl daran.

Die Aschermittwoch-Bedrängnis hielt schon Ludwig Thoma sehr bildhaft fest: „Is d'Faßnacht vaganga, nacha hoaßt's: auweh zwick! Da Geldbeutel is moga, und 's Mensch, des is dick. . ." Daß das Geldbeutelwaschen am Vormittag des Aschermittwochs, auf daß sich das arg strapazierte Leder wieder mit klingender Münze fülle, ein ebenso alter wie offensichtlich nötiger Brauch ist, braucht nach Ludwig Thoma also keiner mehr eigens zu erklären.

Obwohl am frühen Morgen das Einaescherln vorausgeht und dem Faschingssünder eigentlich noch das „Memento homo. . ." des Herrn Pfarrer in den Ohren klingen müßte, ist das Geldbeutelwaschen eher noch so eine kleine Abschiedsfeier vom Fasching, als der Anfang der Fastenzeit.

In München geht das Geldbeutelwaschen bis auf das Jahr 1426 zurück. Ort des Geschehens in der Landeshauptstadt ist der Fischbrunnen auf dem Marienplatz. Die Bürgermeister allesamt, von Stadträten gewiß nicht wenige, und was die Brauerei halt sonst noch an Prominenz zusammentreiben kann – sie alle werden also am Aschermittwoch, Punkt 11.15 Uhr, ihre Geldbeutel durch das Wasser des Fischbrunnens schwenken und inbrünstig hoffen, daß das Portemonnaie die nächsten zwölf Monate niemals mehr so leer sein wird wie an diesem Vormittag.

Für den kleinen Hunger nach einem heißen Tanzabend oder als Katerfrühstück am nächsten Morgen ist in Faschingszeiten die Weißwurst sehr beliebt und wurde somit zur rechten „Brauchtumswurst". In einer „Huldigung an die Weißwurst" reimte Münchens Leib- und Magendichter Herbert Schneider: „Du Königin im Wurstrevier / Du schön gekurvte Tellerzier / Laß Dir den weißen Hermelin / von Deinen zarten Schultern ziehn!" Noch immer streiten sich die Genießer allerdings darüber, wie die Weißwurst richtig gegessen werden soll. Selbst das bayerische Protokoll gibt keine verbindliche Auskunft darüber. So oder so gehören eine halbe Weißbier, süßer Senf und eine resche Brez'n dazu.

Fastenzeit

Doch nur am Aschermittwoch wie am Karfreitag werden in Bayern keine Weißwürste gegessen, gelten doch diese beiden Tage als strenge Fast- und Abstinenztage, das wenigsten den katholisch Gläubigen. Am Aschermittwoch gibt es aber eine andere Spezialität: den sogenannten „Haring-Kas", also Häring-Käse, worin aber nicht einmal das kleinste Stückchen Käse enthalten ist. Bei diesem von traditionsbewußten Wirten hergestellten Fisch-Käse dominieren Salzheringe, Zwiebel und Kartoffeln. Das alles wird durch den Wolf gedreht, pikant gewürzt und als Brotaufstrich serviert.

„Alles, was im oder auf dem Wasser schwimmt, ist ein Fisch" und darf folg-

Kein Fest ohne Musik! – Sie spielen (auch) ohne Noten in Vollendung die alten Weisen, die ihnen von ihren Vätern fast mit in die Wiege gegeben wurden, so wie hier bei einem „Hoagartn" im „Mühlhiasl-Gasthof" am Dreiburgensee.

25

lich auch in der Fastenzeit verspeist werden – selbst wenn es sich dabei um eine Ente handeln sollte! Diese und ähnliche Ausreden benutzten unsere Vorfahren, um die einstmals noch recht strengen Fastengebote zu umgehen.

Fasten reinigt die Seele

Fleisch, zum Teil auch Eier und Milchprodukte, waren untersagt, nur einmal am Tag durfte sich ein gläubiger Christenmensch sattessen. Das hatte den Sinn, durch Verzicht zur Selbstbesinnung gelangen. Hatte doch schon Augustinus gepredigt: „Fasten reinigt die Seele und unterwirft das Fleisch." Durch Fasten sollte zudem die Vorfreude auf das Osterfest gesteigert werden.

Eine alte Fastentradition hat sich jedoch bis in unsere Zeit erhalten und erfreut sich allergrößter Beliebtheit: das Starkbier. „Flüssige Nahrung verstößt nicht gegen das Fastengebot", hieß es anno dazumal und so kamen die nahrhaften Fastenbiere, sozusagen als Ersatz für die sonst etwas karge Nahrung in dieser Zeit, zu ungeahnten Ehren. Mit 18 Prozent Stammwürze und 6 Prozent Alkohol sind die sogenannten „-ator"-Biere annähernd doppelt so stark wie die normalen, und werden als Besonderheit einmal im Jahr gebraut. 20 000 Maß Bier warten allein in einer Passauer Brauerei darauf, getrunken zu werden.

Einmal wollte ein Ordensbruder, nämlich der Bruder Braumeister, seinem Abt ein für ihn persönlich großes Fastenopfer anzeigen. Voller Ehrerbietung trat er vor seinem Vater Abt und kündigte ihm an, ein besonders großes Fastenopfer bringen zu wollen. Als dieser nachfragte, wie er sich den in den nächsten 40 Tagen kasteien wollte, antwortete der Braumeister, daß er bis zum heiligen Osterfest täglich anstatt der bislang 16 Maß Bier nur zwölf trinken wolle!

„Einäschern" vor der Zeit

Doch bevor das eigentliche Fasten beginnt, erinnert der Priester bei einem Gottesdienst am Morgen des Aschermittwochs an die Vergänglichkeit allen Irdischen, vor allem an das des Menschen. Mit der Asche von Palmkätzchen, die am Palmsonntag des vergangenen Jahres geweiht worden sind, machen am Aschermittwoch die Priester das Kreuzzeichen auf die Stirn der Gläubigen – zum Schutz für Leib und Seele und sprechen dabei die Worte: „Mensch, gedenke, daß du Staub bist und wieder zum Staube zurückkehren wirst!"

Je nach Hohenlage verabschiedet sich der Winter einmal früher, einmal später. In bergigen Gegenden gleicht der Frühling einer wahren „Explosion" der Blütenpracht von Blumen und Bäumen wie auf unserem Bild bei Zenting im Sonnenwaldgebiet am Brotjacklriegel.

MÄRZ

Das Märzenbier als „altes Bier"

Ein echter Bajuware kann die lange Zeit von der Faschingszeit bis Ostern nicht ungenutzt, also ohne größere Einkehr in ein Dorf- oder Stadtwirtshaus, verstreichen lassen. Und das braucht's auch gar nicht, denn es gibt den guten alten Brauch des „letzten Bieres", des „alten Bieres" oder, wie es allgemein genannt wird, des „Märzenbieres".

Schon lange hat kein Wirt mehr das eigentliche Märzenbier, das den ganzen Sommer über gehalten hat und dann im Ausgang des Winters als letztes altes Bier ausgeschenkt wurde. Aber der dazugehörige Brauch des Essens und Trinkens hat sich erfreulicherweise gehalten. Von den Wochen um den Jahreswechsel sind die Termine immer mehr in die Fastenzeit hinein verlagert worden, da ja da die Terminkalender mit ähnlichen Festen nicht allzu überlastet sind.

Und so hat der Autor eine dieser Einladungen zu einem Märzenbier erlebt, bei dem sich die Wirte gerne ihrer Geschäftspartner erinnern, müssen doch diese dabei eine anständige Zeche machen:

Gerne werden auch heuer wieder der Schuster-Franzl, der Wastl-Schmied, der Gmoaschreiber Federer zum „Mirzenbier" am Samstag, am Sonntag oder am Montag in die warme Gaststube des „Unterbräu" kommen, um sich dort mit bayerischen Schmankerln bewirten zu lassen.

„Aus dem Keller feinste Biere, auch die Küche tut das Ihre, mit guten Speisen, warmen, kalten, wenn das ‚Alte Bier' wir halten!" steht auf der Ladung,

die der Unterbräu durch seinen Hausl oder neuerdings durch den Postboten hat zustellen lassen.

Wenn's dann soweit ist, kommt der Müller-Sepp mit seinem Bratenrock und dem goldenen Taler-Uhrbandl durch das eichene Gaststubenportal des Unterbräu, wo am Ofentisch das gemütliche Schmatzen einiger Märzenbier-Verkoster, die schon bei der Nachspeis, der Schweinssülze, angelangt sind, die der Leberknödelsuppe und der Schweinshaxen im Kraut folgt. Man ist schon beim Zuschauen davon überzeugt, daß Essen und Trinken Leib und Seele zusammenhalten.

Am Tisch neben der Schenk' sitzen dem Schreiner-Girgl seine beiden Gselln und man kennt's, daß nicht sie die Zeche bezahlen müssen, sondern ihr Meister, der verhindert ist, da er zum „Hirschn-Wirt" wegen des gleichen Anlasses geladen wurde. Die beiden Gselln, die ihre Mittagspause an diesem Montag wohl bis zum Dämmerschoppen fortsetzen werden, haben schon einen ganzen „Gartenzaun" an Biermarkierungen rund um das Bierfilzl. Eifrig ins Gespräch mit dem Unterbräu ist der Geschäftsführer der Brauerei vertieft, der mit seiner ganzen Familie zum Mittagstisch gekommen ist.

„He, Gschäftsführer!" schreit der Feuerwehrkommandant in das Gespräch, und es folgt dann eine Beteuerung über den guten Gerstensaft, der ihm als Freibier noch besser schmecken würde, wie aus seiner Schlußbemerkung hervorgeht. Der Huber-Sepp, Metzgermeister und Viehhändler daselbst, der bestimmt zwei Zentner Lebendgewicht auf die Dezimalwaage bringt, ist kein Vegetarier. Er läßt den Krautsalat auf dem Teller

liegen und schreit zur Zenzi, der Bedienung, hin: „Geh, bring ma na an Speidl Leberkas", wobei er ein Stück Leberkäse von einem dreiviertel Pfund meint.

Hat zum Schluß jeder sein Lieblingsgericht, das sich zumeist auf eine halbe Ente, eine Schweinshaxe im Kraut oder einen Nierenbraten festlegt, oder ist gar die Speisenkarte von oben bis unten durchgegessen, und das ist innerhalb von zwei Tagen kein Ding der Unmöglichkeit, wird in den geselligen Teil übergegangen, denn mit einem satten Magen spricht sich's und vor allem trinkt sich's leichter.

Erst spät geht's von der Kuchl und der Gaststuben vom Unterbräu dem heimatlichen Herd entgegen, und ist der Hausherr allein unterwegs, so hat er diesmal eine gute Ausrede, denn er war ja heute „im Gschäftsdrinka" beim Unterbräu.

Der historische Hintergrund für solche Eß- wie Saufgelage ist folgender: Besonders hoch und lustig geht es dabei in den niederbayerischen Tavernenwirtschaften her. Die Wirtsleut' laden dort zum „Letzten Alten Bier", das einst einen so seltenen Genußwert hatte, wie das Herzinnerste eines Kalbsnierenbratens oder das butterweiche Pfaffenstückl einer Gans. Es war das von den Landbrauereien im Frühjahr gesottene, in den kühlen Sommerkellern gereifte und schließlich zur Neige gehende Lagerbier.

Jede dieser kleinen Braustätten und Brauereiwirtschaften hatte damals noch ihren eigenen Natureiskeller. Mit großen Baumsägen schnitten der Bräu und seine Knechte Eisbalken aus zugefrorenen Teichen oder das Eis wuchs im Winter am Eisgalgen neben der Brauerei – wie Stalaktiten in einer Tropfsteinhöhle – zu langen, schweren Zapfen. Sie wurden von dem Holzgestell abgeschlagen und in glitzernden Splittern in die Kellergewölbe geschaufelt. Das letzte alte Bier aus diesen kühlen Verliesen war als einmaliger Festtrunk in den Wochen um den Jahreswechsel besonders geschätzt.

Dieser Ausschankbrauch hat sich erhalten, doch er ist – wie so vieles Althergebrachte – längst kommerzialisiert worden. Das letzte alte Bier geht schon längst nicht mehr zur Neige und manchmal ist es sogar nicht einmal mehr gut abgelagert. Die Einladung dazu aber ist zu einem Pflichttermin geworden für die Stammgäste und Honoratioren, die Lieferanten und Handwerker. Da die Rechnung für beide Seiten aufgehen soll, mobilisieren Lieferanten nicht selten ganze Familienclans, um ihre „Aktien" mit Mark- und Mageneinsatz in die Höhe zu treiben. So mancher Handwerksmeister schmeißt auf seinem Rundlauf durch die Gasthöfe gehörige „Runden", denn nicht nur die Gastronomen, sondern auch die Bauern entscheiden oft in diesen Tagen, wem sie den Auftrag für geplante Bau- oder Renovierungsarbeiten im neuen Jahr geben werden.

Von fetten Soßen und Schmalzgebackenem beschwerte Zeiten sind die Gesellschaftstage aber vor allem für die Getränkevertreter und die Brauereibesitzer, die oft gleich in Dutzenden von Wirtshäusern ihr eigenes letztes altes Bier vernichten müssen. Es gab nicht wenige Brauereifamilien, in denen früher ein ledig gebliebener Erbonkel mit diesem verantwortungsvollen Amt betraut wurde. Als Wanderprediger für das bayerische Nationalgetränk trug er an den Stammtischen sein Bierherz auf der Zunge und nach einer schönen Leich' hinterließ er oft nur – eine besonders große Leber für die Anatomie.

Der hl. Josef als beliebter Namensgeber

In den Taufregistern hielt der Vorname Josef – sein Namenstag wird am 19. März gefeiert – lange Zeit zahlenmäßig Rekorde, denn bereits 1633 hatte der bayerische Kurfürst Ferdinand Maria den heiligen Josef zum Landespatron erklärt, wodurch sich die Verehrung des „Nährvaters Jesu" stark ausbreitete. Zuvor hatte Papst Gregor XV. den Josefstag 1621 zum gebotenen Feiertag erhoben, nachdem bereits 1479 das Fest am 19. März ins römische Brevier aufgenommen worden war. Dieses Datum für den Feiertag ist bereits seit dem 12. Jahrhundert überliefert.

Aus dem hebräischen Joseph, der der Überlieferung nach dem königlichen Davidsgeschlecht entstammte, wurde auf bajuwarisch im alltäglichen Sprachgebrauch mundgerecht der Sepperl, Bepperl, Bepi oder Beps bei den Schulbuben. Der Sepp, Seppe oder Seppei hat das Burschenalter erlangt und der Josef gehört schon den älteren Semestern an. Das weibliche Gegenstück ist je nach Altersstufe die Bepi, die Steffi, das Sefferl, die Josefine, das Finerl und die Josefa.

Im bäuerlichen Hauskalender gilt der 19. März als Lostag für das Wetter. Wetterregeln besagen: „Ist es an Josephus klar/Wird ein gesegnet Jahr" und „St. Joseph hell und klar/Gibt ein gutes Honigjahr". In der Volksfrömmigkeit wird der hl. Josef, der der biblischen Überlieferung nach Zimmermann war und mit Beil und Säge in barocken Kirchen dargestellt ist, als Schutzherr der Zimmerer, Schreiner, Wagner und Holzfäller seinen Attributen gemäß verehrt. Seine Figur steht auf prächtigen Zunftstangen, sein Name ist manchmal auf einem Hobel zu finden.

Die Starkbierzeit beginnt

Die Starkbierzeit, die am Sonntag vor Josefi beginnt, hat in Bayern eine uralte Tradition, die 1651 im Bierkeller der Paulanerbrauerei in München ihren Anfang nahm, und das kam so: Während der Oktave des heiligen Franz von Paula wurde hier das Heilig-Vater- oder Sankt-Vater-Bier ausgeschenkt und daraus wurde dann das Salvatorbier. Die Mönche des hl. Franz nannten nämlich ihren Patron gern ihren Heiligen Vater und zu seinem Namensfest schenkten sie ganz besonders gutes Bier aus.

Es blieb natürlich nicht beim Salvator allein, es folgten unzählige Namen nach: Animator, Triumphator, Coronator, Maximator usw. Damals entstanden auch die Rauschtafeln, die 26 Rauscharten aufwiesen. Man kann sie nicht alle aufzählen, um so weniger als sie in der damaligen Währung gemessen wurden, nach Kreuzer und Gulden. Ein mittlerer (Kanonen-)Rausch kostete den Konsumenten 1 Gulden und 54 Kreuzer, reine Getränkekosten, nicht Strafe.

Aus dieser Zeit stammt auch die berühmte Bierprobe, die gewählte, ehrsame Bierprüfer vornehmen mußten. Man goß ein paar Maß heuriges Bier über eine Holzbank, und die würdigen Bierprüfer setzten sich mit der Hirschledernen auf dieselbe, tranken eine volle Stunde lang vom guten Bier und wenn sie sich dann gemeinsam erhoben und die Bank an ihren Hosenböden pappen blieb und mit hochgezogen ward, dann war das Bier gut. So streng waren damals die Bräuche! Wenn nämlich die Bank ohne die Männer stehen blieb, dann wurde der Brauer bestraft.

APRIL

Wenn man in den „April geschickt wird"

Es läßt sich zwar darüber streiten, ob man das In-den-Aprilschicken als guten alten Brauch bezeichnen kann oder nicht. Fest steht jedenfalls, daß dieser Spaß in Stadt und Land auch heute noch mit so mancher hinterfotziger, keinesfalls aber bösgemeinter Absicht gerne gepflegt wird, ja sogar die Zeitungen sich befleißigen, ihre geschätzte Leserschaft in den April zu schicken. Da wird in Flüssen plötzlich Gold entdeckt, Brauereien haben eigens einen Sud Freibier eingebraut oder in einem geheimnisumwitterten Schloß soll ein kostbarer Schatz entdeckt worden sein, den es just am 1. April zu besichtigen gibt.

Heute haben die Handwerksmeister keine Zeit mehr, ihre Lehrlinge in den April zu schicken, denn das würde ja vergeudete Zeit für ihre Produktion bedeuten. Und Zeit ist nunmal kostbares Geld, das man zwar früher keinesfalls hatte, aber dafür um so mehr Zeit für Späße und schelmische Neckereien. Doch früher nahm man sich die Zeit einfach, um den Metzgerlehrling zu einem Schlachterkollegen um drei Pfund Weißwurst-Farbe zu schicken, die ebenfalls zum Einfärben der eigenen Weißwürste am Morgen des 1. April ausgegangen zu sein schien.

Doch was hat es mit dem Aprilschicken wirklich auf sich? Wer kam auf diese spaßige Idee, welche Hintergründe sind dazu erforscht? Bis zur Zeit des Westfälischen Frieden und auch noch Jahrzehnte danach war der 1. April als Tag der einfallsreichen Spaßvögel weder bekannt noch in Übung. Was sich da an der Wende vom 17. zum 18. Jahr-

hundert einbürgerte, war zuvor ausschließlich eine Sache des Adels, den immer schon der Hafer gestochen hat. Wenn die Raubritter auf ihren Burgen im flirrenden Hochsommer untätig herumsaßen, kamen sie auf allerlei Gedanken: sie suchten Streit. Dafür bot sich bald der 1. August an, den die Burgherren dazu benützten, ihren Kollegen irreführende und provokant-närrische Botschaften zu senden. Kurz gesagt, sie schickten einander „in den August", und wer darauf hereinfiel, war demzufolge der „dumme August" – eine Redensart, die sich bis heute gehalten hat.

Sei es nun, daß es in Sachen August dem Starken von Sachsen eines Tages einfach zu dumm wurde, sei es, daß die Bauern, welche den Unsinn nachmachten, gerade zur beginnenden Erntezeit für die Arbeit so gut wie ausfielen: Jedenfalls war es dann der Immerwährende Reichstag zu Regensburg, der dem Treiben ein Ende setzte. Aber weil der Brauch schon ziemlich eingespielt und populär war, konnten auch die Herren in Regensburg nicht mehr ganz davon absehen, und so verlegten sie den narrenfreien Tag nicht zuletzt aus Gründen der landwirtschaftlichen Rationalisierung um vier Monate vor. Seitdem wird in deutschen Landen nur noch in den April geschickt.

Kein Aprilscherz

Das war eine gute Lösung, und wenn man so will, hat sie auch die Reichsgründung von 1871 beeinflußt. Otto von Bismarck, der bekanntlich am 1. April 1815 zur Welt kam, mußte beweisen, daß seine Geburt kein Aprilscherz war, was ihm dann auch rasch gelang.

Die Osterzeit

Wenn auch die Kartage wie das folgende Osterfest einmal im März, ein andermal wiederum im April sein können, so ist damit allemal die Erwartung des Frühlings verbunden, der ja selbst in den höheren Lagen dann auf alle Fälle im April einzieht, wenn der Winter seinen „Terminkalender" allzusehr nach hinten verschoben hat.

Palmgerten und Palmesel zum Palmsonntag

Nicht nur die Palmgerten tragenden Buben wie Mädchen sind es, die am Palmsonntag alljährlich den niederbayerischen Markt Kößlarn im Rottal besonders anziehend machen. Was sie anlockt, ist das „Roß Gottes", ein hölzerner Esel, der von den Ministranten bei der Palmprozession in Erinnerung daran mitgeführt wird, daß Christus mit einem langohrigen Grautier unter dem Jubel der Bevölkerung in Jerusalem eingezogen ist. Im Johannes-Evangelium heißt es dazu, daß dem Herrn dabei zugerufen wurde: „Hosianna, gelobet sei der da kommt im Namen des Herrn, der König von Israel".

Palmprozessionen mit einem hölzernen Esel waren einst in Bayern weit verbreitet. Die Aufklärung im späten 18. und frühen 19. Jahrhundert machte jedoch diesem alten Brauch ein Ende.

Trotz Verboten ließ man in Landau einen barocken Palmesel vor dem Hochaltar aufstellen. In anderen Orten hatte sich das „Roß Gottes" mit einer außerkirchlichen Funktion zu begnügen: So in Otzing, in Winzer, in Zwiesel, in Neukirchen b. Hl. Blut und in einigen Orten der Hallertau. In diesen Orten sind die Ministranten mit dem Palmesel von Haus zu Haus gezogen,

Eine der bekanntesten Palmprozessionen in ganz Altbayern hat im Markt Kößlarn im niederbayerischen Rottal große Tradition, wird doch hier beim Umzug vor dem Palmsonntagsgottesdienst der Heiland auf dem „Roß Gottes" mitgeführt.

Palmesel-Darstellung im Wallfahrtsmuseum in Neukirchen b. Hl. Blut.

haben Lieder gesungen und bekamen dafür von den Hausbesitzern rote Ostereier.

In der Pfarrei Otzing wurde ein Palmheiland von Haus zu Hof gereicht. Da brachten am Nachmittag des Palmsonntags die Ministranten die 70 Zentimeter hohe Heilandsfigur in alle Gehöfte der Pfarrei. Die Bauern führten ihre Pferde aus dem Stall, und auf jedes Roß wurde der Heiland gesetzt, damit auch das Pferd an der Segenskraft des Erlösers teilhaben konnte.

Die Palmgertenträger

So richtig stolz ist ein richtiger Lausbub auf eine schöngewachsene Palmgerte am Palmsonntag. Die ganze Woche vor diesem Tag plagen die kleinen Buben ihre Väter mit der Bitte: „Geh

Ein buntes Bild geben die Kinder mit ihren farbenfrohen Palmgerten ab.

Papa, wann hoist ma den Poimgart?" Und die älteren, die Dritt- und die Viertkläßler, nehmen selbst das Ententranchiermesser aus der Brotschublade und machen sich auf, um eine schöne Gerte zu erwischen. Es ist heute nicht mehr leicht, eine vier Meter lange Palmgerte zu ergattern, und man muß schon weit gehen und dazu einen besonderen Platz wissen, wo diese Art von Gehölz ihre Zweige zum Himmel streckt.

So ist der Schmidhammer-Micherl schon längst vor dem Palmsonntag ausgezogen und es hat ihn an den Bach gezogen, an dessen Ufern schon von weitem die Palmkätzchen lockten. Nur beim Abschneiden hat's ihn gefuchst, denn er hat sich dummerweise gerade an dem Stamm eingehalten, den er mit dem Baumsagl durchsägte. So war es kein Wunder, daß er nach dem Knacks, der seine zukünftige Palmgerte vom Stamm löste, in das Wasser fiel. Zum Glück war es nicht tief und so drang das Wasser nur in die beiden Stiefelschäfte und nicht in die Lungen des Schmidhammer-Micherls.

Die Mütter daheim sortieren am Samstag vor dem Palmsonntag die schon etwas runzlig gewordenen Lederäpfel aus, die den ganzen Winter über auf der Kommode geruht haben. Sind keine mehr übriggeblieben, dann werden im Supermarkt zwei Pfund „Morgenduft" gekauft, damit ja jedes Familienmitglied einen geweihten Apfel bekommt. Am Morgen des Palmsonntags wird schon früh aufgebrochen, damit rechtzeitig die geschmückte Palmstaude bewundert werden kann. An zwei oder auch vier Ruten sind die Äpfel aufgespießt und darunter in einem festen Buschen der „Wintergrea" und der „Seg'nbaum" gebunden.

Zuerst wird die Gerte aufrecht wie die Feuerwehrfahne getragen, aber wird sie dann zu schwer, dann wird das Ding einfach wie ein Rechen geschultert. Die längste „Gart" im Dorf hat jedes Jahr der Schmidhammer-Micherl. Er ist mit seinem fast fünf Meter langen Stamm und den oben aufgesetzten Palmbüschl der ungekrönte König des Tages, und wenn es zum Einzug in das Kirchenportal geht, dann müssen seine zwei Brüder die gottverherrlichende Last über die Schulter nehmen, denn sonst würde sie nicht durch das Portal des Gotteshauses passen. Auch unter der Meßfeier zieht er mit seiner Gerte das Augenmerk auf sich, denn die Erwachsenen fürchten, daß er einmal die Gewalt über den unausgeglichenen „Hebel" verlieren könnte und die ganze Pracht auf ihre Köpfe fallen oder einen Heiligen zum Absprung bewegen könnte.

Die Schulbuben hoffen das Gegenteil und der Micherl ist in seiner stoischen Haltung allerlei Necker- und Zwickereien der vor und hinter ihm Sitzenden ausgesetzt. Das geschmückte und farbenprächtige Bild der mit Seidenbändern behangenen Palmgerten ist während des Gottesdienstes ständig in Bewegung und schon öfters hat so ein Lausbub im Eifer des Palmgertengefechtes den heiligen Ort, an dem er sich befand, vergessen, was ihm dann nach dem Gottesdienst eine anständige Buße und einige Watschen einbrachte.

Beim Umzug nach oder auch vor der Palmweihe lauern mancherlei Gefahren auf die Äpfel und die Seidenbandl an dem geweihten Gesträuch.

So eine Gefahr ist das Taschenfeitl des Mesnerbuben, das schon öfters aus der Hosentasche gefahren ist und einen rotbackigen Apfel vom Stamme gelöst hat. Flink ist auch das linke Handgelenk des Sammer-Poidls, wenn es darum geht, sein Sortiment an bunten Seidenbändern vom Schmuck der Palmgarten anderer Buben zu ergänzen. Es ist halt ein Kreuz, wenn so Buben an einem heiligen Tag, wie der Palmsonntag es ist, eine exponierte Stellung einnehmen müssen und sich dieser Lage noch nicht ganz bewußt sind. Trotz des Segens und des Weihwassers ist es beim Heimgang von der Palmenweihe schon öfters vorgekommen, daß ein Schimpfwort den Ehrgeiz der Buben so erregte, daß die Palmgerte zur Waffe wurde, und über den Kopf des Beleidigers gedroschen wurde. Aber das sind unrühmliche Ausnahmen.

Erreicht die Palmgerte, allen Gefahren entgangen, das Vaterhaus, so ist die Freude groß, denn die Äpfel werden geteilt und die geweihten Zweige unter den Firstbaum des Hauses gesteckt, damit Gewitter und Blitz das Haus verschonen mögen. Ein weiterer Teil des geweihten Holzes wird zur Steckerlweihe in der Osternacht aufgehoben, wo dann die Zweige durch das Osterfeuer angebrannt werden und später dann den Feldern, in die sie gesteckt werden, Fruchtbarkeit bringen sollen. In der Kirche werden die geweihten Zweige für die Asche aufgehoben, die am Aschermittwoch mit dem Kreuzzeichen auf das Haupt der Sterblichen gestreut werden.

Der Karfreitag

Im 16. Jahrhundert und in der Barockzeit gab es in Deggendorf wie überall im Land Karfreitags-Prozessionen, die sich mit unglaublichem Prunk durch die Straßen bewegten. Heute gibt es die nur noch in Spanien, besonders bekannt ist der Umzug in Sevilla.

Deggendorfs ehemaliger Archivar Erich Kandler sen. stöberte in den Archiven und brachte Dokumente ans Tageslicht, die ein eindrucksvolles Bild vermitteln. Vor allem der Adel beteiligte sich damals an den Prozessionen. Den Bürgern war es eine Ehre mitzumachen, und auch die vielen Bruderschaften zogen mit. Die Umzüge fanden in der Nacht statt: Fackelträger, brennende Pechpfannen und Tausende von Kerzen sorgten für ein düsteres faszinierendes Spektakel.

In langen schwarzen Trauerkleidern und groben, rauhen Bußhemden, die direkt auf der Haut getragen wurden, besuchten die Gläubigen die Heiligen Gräber. Der Leichnam Jesu in den Kirchen oder Grotten durfte nur von einem Adeligen dargestellt werden. 1640 war es in Deggendorf Hans Georg von Asch, Pfleger und Landrichter. Die Wächter am Grab stellten Bürgermeister und Kämmerer.

Bei den unheimlichen Prozessionen schleppten viele Bürger große Bilder und schwere Kreuze mit. Dazu gesellten sich die Flagellanten, die Geißler. Das waren Männer und Frauen mit Tuchlarven vor den Gesichtern, die sich mit Weidenruten den entblößten Rücken, Brust und Schenkel peitschten. Scharfe Angelhaken und Kugeln aus Blei, fein gezackt, sorgten dafür, daß das Blut der Kapuzenmänner in Strömen floß. Wundärzte und Bader wuschen die Wunden mit Essig, salbten und verbanden sie. Die Kosten übernahmen bei den armen Geißlern die Bruderschaften.

Die Schmerzensschreie der Büßer, vermischt mit gemurmelten Gebeten und eintönigen Liedern, beeindruckten die schwärmerischen Zuschauer. Diese Umzüge nahmen immer mehr den Charakter einer Bußprozession an. Die Auswüchse ließen nicht lang auf sich warten. Vor allem nach den Kriegs- und Notzeiten im 17. Jahrhundert nahm das religiöse Leben einen neuen Aufschwung. Der Kapuzinerorden gründete 1626 außerhalb der Stadtmauern

im Osten ein Kloster (heute Kapuzinerstadl oder alte Kapuzinerkirche; Fragmente der Klostermauern stehen beim Parkhaus Maria-Ward-Platz). Mächtig in Wort und Beispiel entfalteten die Patres ihre Wirksamkeit.

Sie kamen meistens aus Tirol, dem klassischen Land des Volksschauspiels. Die Kapuziner belebten deshalb auch wieder diese Bußprozessionen am Karfreitag. An der Spitze ritt ein Herold. Ihm folgten unzählige Gruppen. Eine sah so aus: Vorn trugen Männer eine Pechpfanne. Es folgten Nikodemus und Josef mit dem Leichnam Christi. Wieder eine Pechpfanne, dann drei Klageweiber und drei Jungfrauen mit Zepter, Reichsapfel und Gebetbuch. Helena, die Kaiserin, mit Gefolge und brennenden Fackeln, Musikanten mit der Geistlichkeit, die Offiziere, der Rat und die Bürgerschaft – alle in pechschwarzen Mänteln und mit Kerzen schlossen sich an. Heiligenfiguren, Frauen, Bewaffnete und Engel schritten am Ende. Beim Bürgermeisterhaus fiel der kreuztragende Heiland zur Erde. Das Zeichen dazu wurde durch einen gewaltigen Schuß gegeben.

Dem groben Zeitgeschmack entsprechend, stellten die Gläubigen auch Geißelung und Dornenkrönung in realistischer Weise dar. Den Gipfel und die Grenzen zugleich erreichten die Darstellungen des Judas, auf einem Wagen von Teufeln geführt, mit heraushängenden Gedärmen. Kein Wunder, daß Kurfürst Max Josef III. von Bayern die Prozessionen in dieser Form am 31. März 1770 verbot. Aber Zerrbilder des Leidens Christi tauchten immer wieder in den folgenden Jahren auf bis ins 19. Jahrhundert. Ausschreitungen waren an der Tagesordnung, die Gefängnisse gefüllt.

Bis in die 50er Jahre war es in Deggendorf Tradition, eine Prozession von

der Grabkirche aus auf den Kalvarienberg (auf dem Geiersberg) zu veranstalten. Tausende pilgerten bei Fackelschein über den jetzigen Schanzenweg die zwei mal 28 Stufen zum großen Kreuz hinauf. Die Treppe sollte eine Nachbildung der heiligen Treppen Jerusalems sein, die zum Haus des Pilatus führten. Höhepunkt und Abschluß des Kreuzweges war die Kapelle zum Heiligen Grab, das „Graberl", südöstlich der Pfarrkirche Mariä Himmelfahrt.

Wenn die Glocken schweigen, kommen die Ratscherbuben

Am Abend des Gründonnerstags, wenn nach der Abendmahlfeier die Glocken auf den Kirchtürmen schweigen und die größeren Geschwister ihrem kleinen Brüderl und Schwesterl auf die Frage, „Warum Glock'n nimma leit'n" erklären, daß diese nach Rom geflogen sind, beginnt die große Liturgie der Karwoche. Die Ratscher-Bub'n, die Ministranten der Pfarrei, treten an die Stelle der Kirchenglocken und ratschen und raspeln mit ihren seit Ministrantengenerationen weitervererbten Holzratschen von Haus zu Haus und Dorf zu Dorf. „Ave Maria ratsch ma" heißt es dann um die Gebetsstunde am Abend und in der Früh, vor dem ersten Hahnenschrei, wecken sie mit dem Ruf „Der Tag bricht an, die Nacht hört auf, Leut'l wachts auf" die Menschen aus ihrem mehr oder minder gerechten Schlaf.

Alt und jung weiß dann, daß nun wieder einmal die besinnliche Stille der Kartage an die Stelle der hektischen Betriebsamkeit getreten ist. Am Karfreitag selbst herrscht schon in der Früh in der Kuchl ein emsiges Treiben. Die Hinterbichler-Bäuerin färbt gleich zwei

Wenn am Karfreitag „die Glocken nach Rom fliegen" und kein Glockenschlag mehr die Zeit angibt, dann treten die Ratscher-Bub'n in Aktion. Die Bub'n aus dem Dorf, vor allem ist das Ratschengehen ein Privileg von Ministranten, ziehen mit ihren hölzernen, knarrenden und schnarrenden Werfelratschen, Doppelratschen, Schwungratschen oder Kreuzratschen durch die Ortschaften und Weiler. Am Karsamstag gehen sie von Haus zu Haus und holen sich ihren Lohn dafür.

Schilling Eier für den achtköpfigen Anhang und legt sie dann in die Brotkörbl. Als beim 52. Ei die Farbe schon etwas „liacht" wird , werden die letzten acht nach alter Gebrauchsanweisung einfach mit Zwiebelscheiben eingerieben, was ein ganz pastellfarbenes Gelb ergibt.

Dann geht's über das Kuchenbacken, und die Kinder müssen zum Kochlöffel greifen und mithelfen, daß der „Wacker" oder der „Gugelhupf" bald fertig wird und auf der Anrichte in der Speis bis zum Ostersonntag aufbewahrt werden kann. Da der Karfreitag der strengste Fast- und Abstinenztag im ganzen Kirchenjahr ist, gibt's natürlich zum Mittag nur einen Fisch. Wer sich nicht tags zuvor einen Seefisch vom Supermarkt geholt hat und erst am Morgen des Karfreitags aufbricht, um mit Angel und Rute einen Karfreitagsschmaus im nahegelegenen Forellenbächlein oder im Weiher hinter dem Haus zu erwischen, hat bestimmt jedes Jahr einen besonderen Fasttag. Nur der Brathering aus der Büchse des Kaufmanns kann dann noch die Situation retten.

Früher, als noch der greise Pfarrer und der rührige Kommandant Schlaucherl in den Pfarreien residierten, wurde das Heilige Grab noch mit stündlicher Wachablösung von rotbehelmten Feuerwehrmännern bewacht. Was besonders bei den Kindern eine lebendige Aufmerksamkeit weckte. Diese Zeiten sind aber vorbei.

Längst vorbei sind auch die „Auferstehungsfeiern", die am Karsamstagnachmittag stattfanden. Und alle warteten dabei jedesmal just auf den Moment, wenn sich die schwarzen und schon öfters geflickten Verhüllungen von den gotischen Kirchenfenstern lösten und die Orgel zum großen Alleluja anstimmte und die Glocken bis in das letzte Einödhaus verkündeten, daß Christus der Herr wieder auferstanden ist.

Das wichtigste Ereignis für die Hausfrauen am Ostersonntag ist die Speisenweihe. Wenn die älteren Beterinnen ihre mitgebrachten bunten Ostereier aufschlagen, damit ja der Segen nicht durch die Eierschale abgeschirmt wird, erfüllt sich das Gotteshaus nicht nur mit dem Geruch des Weihrauchs, sondern auch mit dem des hartgesottenen Eidotters, und der Gugelhupf bröselt auf die Betschemel. Am Ostermontag ist der Beichttag der „Roßhandler" und derer, die nicht zweiundfünfzigmal im Jahr den Sonntagsgottesdienst besuchen. Sie sagen in das verschwiegene Ohr des Beichtvaters die Offenbarungen ihres weichen Kerns, der unter einer oft rauhen Schale verborgen ist.

Das Emmausgehen

Am zweiten Ostertag ist dann das „Emmausgehen" in einigen Orten noch ein stolz gepflegter Brauch, um gleich wie der Herr mit seinen Jüngern auf der Straße nach Emmaus am zweiten Tag nach seiner Auferstehung zu pilgern. In Waldkirchen bricht man dazu alljährlich schon vor Sonnenaufgang auf, um von der Pfarrkirche aus hinauf zur Karolikapelle betend zu marschieren.

Eierbecken mit Konzert

Das „Eierbeckn" mit Konzert lockt am Ostermontag nachmittags dann viele Familienväter mit ihren Frauen und der Orgelpfeifenfolge ihrer Kinder zum nächstgelegen Wirtshaus oder in ein Ausflugslokal. Nach der Regel „G'spitz auf G'spitz und A... auf A..." wird dann um den Besitz des Eies gerittert und die

Ehre des heimischen Hühnerstalles verteidigt. So hat jeder dieser hochheiligen Ostertage neben der innerlichen seelischen Freude der Auferstehungsfeier auch seine geselligen Reize.

Die Glasmacher des Bayerischen Waldes waren zu Ostern wie an den übrigen Hochfesten im Jahreskreis keineswegs einfallslos: Sie schenkten all ihren Lieben kunstvoll gestaltete Eier aus Glas.

Von der katholischen Landjugend in der Nachkriegszeit gegründet, erfreut sich der Regener Osterritt alljährlich eines großen Zuspruchs von Dutzenden von Pferdefreunden, die hoch zu Roß dem Regener Stadtplatz zur Pferdesegnung zustreben. Daß ihre Rösser dabei überaus gestriegelt und aufgeputzt sind, versteht sich von selbst (kleines Bild).

MAI

1. Mai: Wenn sich alles um den Maibaum dreht

Hexen und alle bösen Geister, so sagt der Volksmund, sind los in der Nacht zum 1. Mai, der Walpurgisnacht. Doch daran, daß die auf Besen reitenden Furien der Lüfte, wie es viele hexengläubige Darstellungen wahrhaben wollen, Mensch und Tier, Feld und Ernte Schaden zufügen könnten, daran mag heutzutage wohl keiner mehr glauben. Nur mehr die Sagen erinnern an solcherlei „Ausritte".

Der „Tag der Arbeit" mit den Maikundgebungen der Gewerkschaften in industriell strukturierten Gegenden konnte auf dem flachen Lande dem Maibaum keinesfalls die Schau stellen. Er, der oft zwanzig Meter aufragende geschälte Fichtenstamm, von Girlanden umwoben, mit Fähnchen und Zunftzeichen geschmückt, ist keinesfalls eine Eintagsfliege. Bis zum Advent hin, wenn sein Platz zur Aufstellung des dörflichen wie städtischen Christbaums gebraucht wird, stellt er ein typisch altbayerisches „Brauchtums-Ausrufezeichen" dar.

Doch bevor dieses Symbolzeichen einmal in seiner Senkrechten steht, muß viel Schweiß fließen, müssen Nächte durchwacht werden, daß der Maibaum nicht etwa gestohlen, müssen Vereine und Verbände zusammenhelfen, damit er glanzvoll geschmückt wird.

Vor einigen Jahrzehnten stahlen die Dorfburschen den Baum noch aus irgendeinem Waldgrundstück, ohne vorher die Erlaubnis des Besitzers einzuholen, der aber, merkte er es dann doch, nicht gleich zur Polizei rannte, um Anzeige zu erstatten, sondern sichtlich geehrt war, daß er solch stolze Bäume sein eigen nennen kann.

Die Maibaumstehlerei hat bis zum heutigen Tage aber dennoch nicht aufgehört, wenn es gilt, dem Nachbardorf bzw. -verein den bereits zum Aufstellen hergerichteten Baum zu entführen. Was dabei herauskommen kann, darüber berichtete der Journalist Sepp Schiller 1987 in der Deggendorfer Zeitung folgendes:

Seit wann es den Brauch des Maibaumaufstellens in Bayern gibt, weiß heute niemand mehr genau. Fest steht jedoch, daß, solange es den Maibaum gibt, er auch immer wieder von Burschen aus dem Nachbardorf gestohlen wird. Der rechtmäßige Besitzer muß ihn dann gewöhnlich mit einer großen Menge Bier auslösen, Spott und Hohn gibt's gratis dazu.

Die Auerbacher, ein Pfarrdorf im Deggendorfer Land so recht zwischen Donau und Wald, sind Leute, die altes Brauchtum noch pflegen. So mußte am Vorabend des 1. Mai ein Maibaum her, koste es, was es wolle. Bei der Preisverleihung des Dorfschießens heckten einige junge Burschen die „Lumperei" aus. Der Oberfrohnstettener Baum wurde erst im Vorjahr gestohlen. Der in Engolling rund um die Uhr bewacht, und den Baum der Auerbacher Laienspielgruppe wollte man schon allein aus Gründen der Dorfloyalität nicht nehmen. Da kam einem die zündende Idee, nach Niederalteich zu fahren. Dort hatte der Schützenverein einen Baum gelagert.

Da keiner wußte, wo das „Stangerl" war, machte sich ein Suchtrupp auf den Weg. Bald darauf knarrte am Dorfanger das erste Scheunentor. Im Schup-

pen einer Bäckerei wurde man schließlich fündig: Hier lag das 17 Meter lange Prachtstück, blau-weiß angemalen und mit einer Girlande geschmückt, völlig ungesichert und unbewacht. Zurück nach Auerbach und einen Schlepper mit Baumwagen besorgen war eins.

Die Turmuhr schlug Mitternacht, als zwei Schlepper gefolgt von mehreren Autos mit verschlafenen, aber kräftigen Burschen durchs nächtliche Niederalteich ratterten. Nachdem die Fahrzeuge in sicherer Entfernung abgestellt waren, schlich die „Diebesbande" auf leisen Sohlen zum Schuppen. Kein Laut war zu hören, auch der Klostergeist schien fest zu schlafen.

Keuchend wurde der Baum zum Wagen getragen und aufgeladen. Die Fahrt zurück konnte beginnen. Es war drei Uhr früh, als die Strolche das Klosterdorf verließen. Laute Juchzer drangen durch die nächtliche Stille, als Auerbach in Sicht kam. Es war geschafft! Die Freude der Beteiligung kannte keine Grenzen. Bis zum Morgen stemmten die Mannsbilder im Hof des „Kirchenwirt" die Maßkrüge und bewachten stolz ihre Trophäe.

100 Liter Bier und für jeden Beteiligten eine Brotzeit wollte man für die nächtliche Schinderei verlangen. Ein angemessener Preis, wie man dachte. Doch die Niederalteicher, allen voran der Vorstand des Schützenvereins reagierten ausgesprochen verärgert. Den Baum auslösen wollten sie, so die Auerbacher, keinesfalls.

Um 14 Uhr sollte am Maifeiertag der Baum in Niederalteich aufgestellt werde. Bis 15.30 Uhr wartete man – vergeblich –, kein Maibaum in Sicht! Die einbetonierten Befestigungsschienen ragten noch am Abend leer aus dem Boden.

Wenn auch da und dort Kräne zur Maibaum-Aufstellung eingesetzt werden, so können Maschinen aber keinesfalls der Muskelkraft der Traditionsvereine die Schau stehlen, wenn der Baum „händisch" in die Senkrechte gebracht wird.

Daraufhin wurde der Fall gerichts-massig, denn der Schützenvorstand hatte Anzeige erstattet. Der Vorstand: „Wir sind gewiß keine Spaßverderber, und auch ein alter Brauch ist uns hei-lig, aber so geht es nicht!" Aussagen Krämers zufolge war nämlich nie von 100, sondern nur von 50 Litern Bier die Rede und die wollten die Niederaltei-cher auch gern bezahlen. Unter der Be-dingung, daß der Baum am 1. Mai bis 14 Uhr zurückgebracht wird.

Wie der Vorstand weiter berichtete, hätte er nach langem Warten von der Auerbacher Kirchenwirtin einen Anruf bekommen, daß die Maibaumdiebe schon zuviel getrunken hätten, um noch nach Niederaltaich zu fahren. Außerdem hätten die Diebe die Girlan-den zerfetzt...

Für die Polizei ein Diebstahl wie je-der andere. Gefragt war dann wohl das „Königlich-Bayerische Amtsgericht".

Zeitungskundig wurde aber auch ein weiterer „Fall" aus dem Dackeldorf Gergweis. Wie ebenfalls in der Zeitung zu lesen war, trug sich hier einmal fol-gendes zu:

„Ein Gergweiser Verschönerungs-meister hat sich an sein Versprechen er-innert, für seine Straßenanwohner ei-nen Maibaum zu stiften, wenn die deutsche Fußballmannschaft bei der Weltmeisterschaft gut abschneidet. Dies trat ein und der Meister löste sein Versprechen ein. Als die Maienzeit näherrückte, wurde in einer Privatwal-dung im Beisein des „Verwalters" der Baum gefällt; vier oder fünf Mann stan-den schon mit den „Schepseisen" be-reit, um den am Boden liegenden Stamm ‚bratfertig' zu machen. Auch der Abholtermin wurde an Ort und Stelle gleich bestimmt.

Als sie aber mit dem Fuhrwerk an-kamen, wurden ihre Augen immer größer, denn der Baum war weg – ge-

stohlen. Obwohl der Fall schabernack-verdächtig war, ließen sich die Leute von der Verschönerungsstraße nicht von ihrem Vorhaben abbringen, son-dern sie fällten einen anderen Baum, verfrachteten ihn vorsichtshalber nach Göttersdorf und ließen ihn dort von zwei Dobermann-Hunden bewachen, was gleichsam bedeutete: nur wer an seinem Leben kein Interesse mehr hat, kann hier etwas unternehmen! Der Baum wurde dann nach Gergweis ge-schafft und in der genannten Straße wohlgeziert unter kräftigen Hauruck-rufen aufgestellt. Bei diesem Anblick brach im Lager der ‚Diebe' große Panik aus, hatten sie doch in mehreren nächt-lichen Sitzungen bereits das Lösegeld bestimmt und mußten nun feststellen, daß die Bestohlenen noch schlauer wa-ren als sie selbst. Ob sie auch jetzt noch auf eine Ablösung warten?

Verstimmt über diesen Fall ist aber in Gergweis deswegen niemand, da ur-alte Bräuche einfach gepflegt werden müssen."

Der Florianitag

Kein Handwerk und kein Handel, die in Altbayern keinen besonderen Schutzpatron hätten, kaum aber auch eine Sorge, für die nicht ein spezieller Heiliger zuständig wäre. Während die Krieger- und Veteranenvereine den hl. Sebastian als ihren Schutzpatron ver-ehren, ist es bei den Kämpfern gegen den roten Hahn der hl. Florian, der von den Feuerwehrleuten verehrt und in Nöten angerufen wird.

Und bevor die Feuerwehren alljähr-lich ihr Übungsjahr beginnen, treffen sie sich am oder um den Florianitag, der am 4. Mai gefeiert wird, zu einem An-fangsgottesdienst. Dann wird ein Fest-gottesdienst für den im Jahre 304 den Märtyrertod erlittenen Heiligen ge-

feiert und anschließend zum nächst-liegenden Vereinslokal marschiert.

Daß es bei solchen Florianifeiern be-sonders lustig zugeht, dank auch des ausgeschenkten Freibiers, versteht sich von selbst. Dabei erinnert man sich natürlich oft an die nicht immer ganz so ernst verlaufenen Einsätze, bei de-nen es vielleicht so zugegangen haben mag wie bei einem Einsatz im dichte-risch erfundenen Dorf Lohberi, von dem nachfolgendes Gedicht erzählt:

Z' Lohberi brennt's!

*A Feier hot's – und ois rennt zsamm.
Vom Kirchturm, wo's es a'gschlogn ham,
do schreit da Schuasta-Nazl owa:
„Z' Lohberi brennts! –
Beim Toutngrowa!"
Da Binder-Sepp, der soi do blosn,
ma gspürt in Rauch scho in da Nosn,
Do kemmans grennt: an Helm im Oarm,
vom Stoigeh is da Roch vadorm,
de offne Hosn is dagrawit,
an Fürfleck um, vo lauter trawig.*

*„Do bin i!" - moant a - sakradi,
wo moanst, wiar i hiatzt umkreid bi.
De Kinda ham ma's Horn va'ramt -
Hiatzt blost a hoit - „trari, trara",
ois wenn's da Brand vor Moskau wa'.*

*Drei Stund danoch
san d'Fei'wehrmanna
vollzählig beim Depot beinanda.
Da Schmied muaß netta
's Roß no bschlogn,
des b'stimmt is für den Spritznwogn.*

*Do moant da Hauptmann: „Liabe Leit,
so lang's noch brennt, is oiwei Zeit!"
„Is eh woah!" – moant da Wamperlbeck,
„wanns no oans fangt –
dann foahn ma weg!"*

*Und des gschiagt a –
jetzt san s' a gricht,
schee stad, daß' aa koa Radl bricht.
Do moant da Hauptmann: „Liaba rostn,*

Akrobatik in Vollendung wird geboten, wenn zum Maibaumsteigen bzw. Maibaumkraxeln eingeladen wird, wie auf unseren Bildern im Wegscheider Land, wo sich Maibaumkraxler aus Oberösterreich eingestellt haben.

sonst z'beitlt's uns den Spritznkostn.
Und endli kemmans an – z' Lohberi
mit ihrn varostn Teifiswer'i.
Do kemman s' eahna scho entgegn:
„Ja, seid's denn auf de Luser glegn?
Seit neini brennt's – und jetzt is drei
– a so a Umanander-Trenzerei!"

„No - na!" Moant do da Hauptmann
drauf:
Warum hört's denn 's Brenna a net auf!
Und wiar – so schoarf ma des no sehgn,
is eh ums ganze Dorf scho gschehgn!"

„Gehts, Manner,
foahrn ma wieder zruck,
sonst wird uns d' Spritzn
schwoarz vom Ruck!
Und grod erfoahrn ma' unterdessn:
mir ham ja eh af d' Schleich vagessn…"

Der Muttertag

Ein guter Brauch, all den Müttern und Großmüttern für ein aufoperndes Leben für ihre Kinder zu danken, ist der Muttertag. Er wird in Deutschland alljährlich seit dem Jahre 1923 am zweiten Sonntag im Mai gefeiert. Der Muttertag geht zurück auf die Amerikanerin Ann Jarvis. Nach dem Tod ihrer Mutter kämpfte sie um die Anerkennung der Leistungen von Frauen mit Kindern. 1914 hatte sie es geschafft. Wenige Monate vor Beginn des Ersten Weltkrieges beschloß der US-Kongreß, einen Festtag für die Mütter einzuführen. Er rief dazu auf, den Tag als „öffentlichen Ausdruck unserer Liebe und Verehrung für die Mütter" zu begehen. Jarvis selbst geriet in Vergessenheit und starb 1948 mittellos und vereinsamt in einem Altenheim.

Hierzulade sind am Muttertag die Gaststätten und Ausflugslokale an diesem Sonntag voll von Muttertagsausflüglern, da ja vor allem die erwachsenen Kinder ihre Mutter mit einer Einladung zum Mittagessen ehren wollen. Und natürlich haben die Blumen- wie Schmuckgeschäfte tags zuvor Hochkonjunktur.

Die drei Bittage

Wenn die Saat so richtig im Schieben ist, die bäuerliche Bevölkerung nach der Hektik der Feldbestellung eine kleine Verschnaufpause verträgt, sollten Gott und seine Nothelfer angerufen werden, damit auch die Ernte reich werde. Vor dem Christi-Himmelfahrts-Tag schickte man sich also an, zu Bitt- und Flurprozessionen aufzubrechen. Ihren Ursprung haben die Bittgänge im fernen Gallien. Dort ordnete Bischof Maertus von Lyon im Jahre 469 wegen Erdbeben und Mißernten drei Tag vor dem Fest Christi Himmelfahrt seinen Gläubigen Bußprozessionen und Fasten an. An solcherlei Heilssuche orientierten sich schließlich immer mehr Nachbardiözesen, so daß 511 in ganz Gallien diese Bußprozessionen zur Christenpflicht wurden.

Schließlich haben sich diese Andachten, Prozessionen und Flurumzüge auch nach Deutschland und nach Österreich verbreitet. In Begleitung des Geistlichen und seiner Ministranten wurde und wird auch heute noch da und dort von einer Pfarrei zur anderen gepilgert oder werden die Fluren umrundet. Das natürlich mit Beten des Rosenkranzes und anderer Gebete wie Fürbitten um den Segen für die Früchte der Erde, des menschlichen Schaffens, für die Sicherheit auf den Straßen und den Frieden in der Gemeinde und der Welt. Die Kirche gibt Christus gewissermaßen vor seinem Scheiden von dieser Welt gleichsam noch all ihre Bitten mit. An den Feldkreuzen und Bildstücken auf freier Flur wird die Allerheiligenlitanei gesungen. In den städtischen Gemeinden bildet der Wettersegen unter Aussetzung des Allerheiligsten am Ende der Gottesdienste an den Bittagen einen letzten Hinweis auf das alte Brauchtum der Bittgänge.

Die Passauer Maidult

„Also, Leutln, richts enk zamm!
Tean ma, was ma ausgmacht hamm!
Gehts in d'Maidult heut mit mir!
Zünftö hamma, und des wia!"

Als der Heimatschriftsteller Max Peinkofer diese Zeilen 1933 schrieb, ging die Maidult schlechten Zeiten entgegen. Die „fünfte Jahreszeit" der Passauer und der Waldler verdankt ihren Ursprung dem seit 1666 nachweisbaren Krügelmarkt zu St. Nikola, der stets im Mai abgehalten wurde.

Als 1809 die Franzosen Teile der Hofmark St. Nikola abrissen, um freies Schlußfeld zu bekommen, wurde auch der Augustinergarten eingeebnet und als Exerzierplatz für die Soldaten des in eine Kaserne umgewandelten Nikolaklosters hergerichtet. Ein idealer Platz für den Krügelmarkt, der hier am 1. Mai 1816 zum ersten Male stattfand. Die Passauer Maidult gibt es erst seit 1871, nachdem im Juni 1870 St. Nikola der Stadt Passau einverleibt wurde.

Um 1830 standen auf der Ostseite des Dultplatzes sechs Bierbuden, Leinwandzelte mit Stühlen und Tischen darin und davor. Sie gehörten einzelnen Wirten, die das Bier der einheimischen Brauereien Hartl, Koller, Kühbacher und Schmerold ausschenkten. Eine Besonderheit war das Bockbier des Münchner Hofbräuhauses, das bei den Dultbesuchern wegen seines stärkeren Stammwürzegehalts besonders beliebt war und nach übermäßigem Genuß die anerkannt schönsten Raufereien verursachte.

Fesche Deandln und Buam geben sich ein Stelldichein, wenn es heißt: „Auf geht's zur Passauer Maidult!" – und da darf natürlich ein farbenprächtiger Festzug durch die Dreiflüssestadt nicht fehlen.

Zu essen gab es gebratene Schweinswürstl, gesottene Bratwürste, Brezn, Semmeln und Laibln. Besonders das Weißbrot war beim Landvolk beliebt. Hinter den Wirtsbuden hatten die Bilderhändler Stricke zwischen den Bäumen gespannt und daran die Portraits von König Ludwig I. und der Königin Therese aufgehängt. Schlachtenbilder und Heiligenbilder rundeten das Sortiment ab. Auch der Griechenkönig Otto und der Papst waren beliebte Motive. Vor der Kasernenfront hatten die Kunstreiter ihre Zelte, kleinere Menagerien und das große Panoptikum zeigten Menschen anderer Kontinente, wilde Tiere und die obligatorische Dame ohne Unterleib „mit ihren vier Kindern".

An der Westseite standen die Metbuden, hier trafen sich die Frauen und Mädchen, tranken sittsam Met aus Zinnbechern und aßen „Busserl" und Lebkuchen dazu. Auf der Vorderseite war der Geschirrmarkt, der den Besuchern alles bot, was sie zum täglichen Gebrauch benötigten.

Eine Unterbrechung der Maidult verursachte der Erste Weltkrieg und erst 1921 war in Passau wieder verhaltener Dultlärm zu hören. Der Zweite Weltkrieg „verhalf" der Dult wieder zu einer Zwangspause, und als 1946 endlich wieder eine Maidult abgehalten werden konnte, verboten die Amerikaner sowohl das Bier als auch die traditionellen Schießbuden. Auf die Schießbuden hätten die Passauer ja noch verzichten können...

Ab 1947 gab es dann endlich wieder Bier, wenn auch in „verdünntem" Maße, so konnte man im Passauer Maidultkalender von 1989/90 nachlesen. Die Eröffnung all dieser Märkte wurde damals wie heute stets zur feierlichen Veranstaltung. Während heute allerdings Trachtenumzüge und Bieran-

stich den Auftakt bilden, so ritten damals der Stadtrichter, begleitet von Gerichtsdienern und bewaffneten Bürgern an das Burgtor und verkündete den Bannfrieden.

Immer auch nahmen sich Schriftsteller und Dichter der weithin bekannten Passauer Maidult an: Maria Schmidt-Hell, Wilhelm Hopfner, Max Peinkofer, Richard Billinger, Reinhard Brunner, Ludwig Rosenberger oder auch der Böhmerwalddichter Hans Watzlik. Was sie an der Maidult reizte, war die Urwüchsigkeit des Festes und die fröhliche Ausgelassenheit seiner Besucher, sowohl der „Stadtleut" als auch der Gäste aus der niederbayerischen Umgebung. Da waren auch so Anziehungspunkte wie Deutschlands ältester Kinderprater, der bekannte, geliebte und seit 1830 existierende „Bemperlprater" der Familie Zirnkilton, der alte „Vogeljakob", die Verkäufer von „Türkischem Honig" und Zuckerwatte, die Moritatensänger, „Haut den Lukas", Panoptikum, Tier- und Völkerschauen.

Die Eisheiligen: drei launische Gesellen

Sie sind der Schrecken aller Obst- wie Weinbauern, Gärtner wie Hobbygärtner: die drei Eisheiligen Pankratius, Servatius und Bonifatius, die ihre Namenstage vom 12. bis zum 14. Mai oft mit Eiseskälte zu feiern verstehen. Inmitten oft schon recht warmer Frühlingstage kann dabei die Quecksilbersäule gleich um 15 Grad abfallen und damit für frostempfindliche Pflanzen tödlich sein.

Der heilige Pankratius, der erste der Eismänner, ist ein mächtiger Patron gegen die Frostgefahr. Er gehört zu den

14 Nothelfern. Im Festkalender steht er seit dem 8. Jahrhundert. Nach der Überlieferung war Pankratius Sohn sehr begüteter heidnischer Eltern aus Phrygien in Kleinasien. Nach dem frühen Tod der Eltern kam er nach Rom, wo er sich für die Sache der Christen einsetzte und deswegen durch das Schwert sterben mußte. Der zweite Eisheilige, Servatius, der vor allem in West- und Südeuropa stark verehrt wurde, war Bischof in Tongern. Sein Name übrigens bedeutet übersetzt „Der Gerettete". Von ihm berichtet die Legende, daß ihm ein Engel erschienen sei, der ihm die Verheißung mitgab, Bischof des Bistums Tongern zu werden. Der heilige Servatius soll viele Wunder getan und Kranke geheilt haben. Er starb – beinahe 100 Jahre alt – in Maastricht. So gewichtig und berühmt die beiden ersten Eisheiligen sind, so wenig Bedeutung kommt dem dritten, dem heiligen Bonifatius, zu. Von ihm weiß man wenig, außer, daß er ein Märtyrer in Tarsus war und um 306 starb. In katholischen Heiligenbüchern wird dann am 14. Mai auch nicht des Bonifatius' (nicht zu verwechseln mit dem „Apostel der Deutschen"), sondern des heiligen Pachomius gedacht.

Die Tage der drei „Eisheiligen" sind nun aber leider nicht ohne Grund in der bäuerlichen Wetterregel berüchtigt. Kälterückfälle waren in den letzten Jahrhunderten an diesen Tagen besonders häufig, auch wenn der Stadtmensch erst an die Eisheiligen dachte, wenn sie schon da waren. Erst wenn wir die Eisheiligen überstanden haben, ist in den meisten Fällen der Frühling endgültig da, trotz Maikäfern und Butterblumen vorher. Eine einwandfreie meteorologische Erklärung kann es für diese Erscheinung nicht geben. Man führt die unfreundliche Witterung zunächst auf die nördlichen und nord-

Kein großes Fest ohne die Blasmusik. Sie begleitet durch Jahr und Zeit – ist schlechthin großer Stimmungsmacher bei allen Festen im Jahresreigen, wenn's heißt: „Musikanten spielts auf, einer geht schon noch . . .“

westlichen Stürme zurück, die um diese Jahreszeit im nördlichen Teil des Atlantischen Ozeans vorherrschend sind und als besonders kalte Winde auftreten, weil sie von Grönland und Labrador herkommen. Hinzu kommt , daß eine aus bisher unbekannter Ursache erscheinende Depression im Südosten in Verbindung mit einem Hochdruckgebiet im Nordwesten Europas den Kälterückfall in dem einen oder anderen Gebiet von Nordwesten hervor und verstärkt den Rückfall durch die kalten Winde.

Stichtag an Sankt Urban

Der Volksglaube ist daher im Recht, wenn er in diesen Tagen schadenbringenden Frost erwartet. Die Temperaturen liegen dann meist in der Nähe des Gefrierpunktes, so daß es bei plötzlicher Abkühlung zu Nachtfrost und damit zu Schädigung der oft schon vorzeitigen Vegetation kommt. Immerhin bleibt uns auch hier ein Trost, denn wenn wir bis St. Urban (25. Mai) von den Eisheiligen nichts gespürt haben, dann können wir sicher sein, daß sie uns in diesem Jahr verschonen, dann ist weder Reif noch Schnee zu erwarten, denn so sagt der Bauer: „Kein Reif nach Servaz, kein Schnee nach Bonifaz."

Die Meteorologen haben für die Launen dieser Heiligen, denen dann auch noch die „kalte Sophie" folgt, aber eine handfeste wie wissenschaftlich verbürgte Erklärung: Die aus dem Süden des Kontinents nach Deutschland vorgedrungenen warmen Luftmassen werden über Deutschland nochmals von der vorher verdrängten Kaltluft angegriffen. Dabei gewinnen die winterlichen Temperaturen die Oberhand. Daß auf diesem „Schaukampf" fast alljährlich Verlaß ist, beweisen die Wetterbeobachten der letzten Jahre einmal mehr. Es erfüllen sich dann die Wetterweisheiten: „Des Maien Mitte hat für den Winter noch eine Hütte" oder „Liebe und Mai gehn selten ohne Frost vorbei". Sind sie aber dann durchs Land gezogen, kann der Bauer aufatmen, denn ihre Abreise garantiert dann: „Kein Reif nach Servaz, kein Schnee nach Bonifaz."

Vatertag zu Christi Himmelfahrt

Nachdem auch die Väter auf einen eigenen Festtag nicht verzichten wollten, bürgerte sich nach dem Zweiten Weltkrieg mehr und mehr auch ein inoffizieller Vatertag ein. Der Christi-Himmelfahrts-Tag oder „Auffahrtstag" wie er in Bayern auch genannt wird, ist als staatlich geschützter Feiertag den Vätern gerade recht, um mal wieder ohne ihre Frauen loszuziehen. Das tun sie natürlich in der Gemeinschaft von Vereinen oder Stammtischen, laden sich dazu auf einem Leiterwägelchen auch gleich ein Faß Bier auf, um bei ihrer Wanderung von einem Wirtshaus zum andern auch auf offener Strecke keinerlei Durst leiden zu müssen. Das Ende eines Vatertags endet dann damit, daß die Ehefrauen den Rücktransport ihrer oft nicht mehr gehfähigen Männer besorgen müssen.

Keinesfalls gegeneinander, sondern miteinander marschieren Vereine und Verbände mit Hunderten von Gläubigen, wenn am Fronleichnamstag, getragen in der Monstranz der Geistlichen, der Herrgott durch die Straßen zieht.

JUNI

Prangergehen zu Fronleichnam

Das Fest, das auch heute den Höhepunkt öffentlicher Glaubensbekundung darstellt, kannte die Urkirche noch nicht. Es entstand verhältnismäßig spät, im 13. Jahrhundert, fand aber schnell allgemeine Verbreitung.

Erstmalig wurde das Fest Fronleichnam aufgrund einer Vision der Nonne Juliana im Jahre 1246 in Lüttich abgehalten. Es wollte das Abendmahlsgedächtnis wieder aufgreifen. Allmählich verband mit diesem neuen Fest die aus dem Flurumgang entstandene Sitte, die Eucharistie auf Straßen und Plätze hinauszutragen.

Im Volksmund erhielt sich die Bezeichnung „Prangertag". Als Prangertag ist der ganze Tag gemeint. Das gläubige Volk überträgt den kirchlichen Segen auf die mitprangende Natur. Noch heute wird dem Grün der Birken, an denen das Allerheiligste vorbeigezogen ist, Kräutern, Kränzen und Blumenschmuck der Evangelienaltäre Segenskraft zugesagt. Es ist daher üblich, Birkenzweige abzubrechen, zu Kränzen zu formen oder hinter die Kreuze zum Schutz vor Unwetter zu stecken. Dieser Festtag heißt beim Volk auch „Kranzltag", weil die Mädchen zugleich Kränze auf dem Haupt tragen und weil an diesem Tag mancherorts die Wetterkränzlein geweiht werden.

Noch heute präsentiert die Prozession dieses Tages in Dorf und Stadt in einer großartigen Weise das Gemeinwesen. An den vier angestammten Plätzen werden die vier Evangelienaltäre aufgestellt. Alle Vereine und Verbände nehmen daran teil. Zum lauten Beten und zum Festgang der Prozessionsteilnehmer gesellen sich die getragenen Weisen der Blaskapelle, Glockengeläut und Böllerschüsse. Unter dem Traghimmel schreitet der Priester in vollem Ornat mit dem Allerheiligsten in der vergoldeten Monstranz. Es ist nach wie vor Ehrenpflicht der höchsten Gemeindemitglieder, in der Fronleichnamsprozession hinter dem Allerheiligsten zu gehen.

Wie sehr der Fronleichnamstag in das bäuerliche Denken hineingenommen wurde, zeigt auch sein Loswert für die Bienen. Schönes Wetter an diesem Festtag verspricht dem Imker einen größeren Ertrag. Bienen, die an Fronleichnam schwärmen, sollen überhaupt die besten sein. Sie „bauen eine Monstranz", die am Johannistag (24. Juni) schwärmenden Bienen dagegen „nur einen Kelch". Auch an das Gras an Fronleichnam knüpft sich eine bäuerliche Wetterregel. Ist es naß, dann wird auch jeder Heutag naß, meint der Bauer. Bleibt es dagegen trocken, dann kommt auch das Heu gut in die Scheune.

Wenn der Herrgott durch die Straßen zieht

Bereits am Vortag von Fronleichnam wird eifrig für dieses Fest gerüstet. Wie zu Weihnachten der Christbaum in jedes Haus gehört, so stehen am Kranzltag vor jedem Haus einige Birkenstauden. Auch im Gotteshaus und nicht zuletzt an den Altären in den Fluren findet man den Schmuck dieser „Kranzlstauden". Die „weißen Dirndln" sammeln Margeriten und Glockenblumen, um diese bei der Prozession auf den Weg zu streuen.

Am Donnerstag nach dem Hauptgottesdienst ist es dann soweit. In ländlichen Pfarreien ist es oft der Kommandant des Veteranen- und Kriegervereins, der vor der Pfarrkirche stimmgewaltig das Kommando zur Formation des farbenprächtigen Zuges gibt. Ein kräftiger Mann trägt allen voran die Fahne mit dem Abbild des Kirchenpatrons. Es folgen die Schulkinder, begleitet von den Lehrern, die sich bemühen, die Würde des Tages nicht durch den Ratsch der Buben entweihen zu lassen. „Fertigmachen" schallt dann der Ruf des Kommandanten in die Reihen und man hört, wie sich die Veteranen- und Feuerwehrmänner bemühen, ihre Hacken zusammenzuschlagen. „Im Gleichschritt Marsch!" heißt es. Und dann setzt auch schon die Musik ein. Vier Burschen tragen den heiligen Sebastian auf seinem Postament vor der Fahne der Veteranen, und natürlich auch den St. Florian lassen die Feuerwehrleut nicht daheim. Die „weißen Mädchen", also die Kommunionkinder mit ihren niedlichen Blumenkörben, und der Kirchenchor schreiten vor dem Allerheiligsten einher, das der Priester in der Strahlenmonstranz durch die Ortschaft und hinaus zu den Feldern und Einöden trägt. In goldbrokatbesetzte Umhänge sind die vier Kirchenräte gehüllt, die den Himmel, den Baldachin, tragen.

Nach den kirchlichen kommen die weltlichen Würdenträger, der Bürgermeister mit den Gemeindevätern, den Repräsentanten der gemeindlichen Oberhäupter. Lilien und Lupinen schmücken das erste Evangelium mit einer gotischen Pieta. „Gelobt sei Jesus Christus" steht am gestickten und gehäkelten Altartuch. Der Priester verliest das Evangelium, der ganze Zug bleibt stehen, der Kirchenchor singt die lateinischen Gesänge. „Das Stillgestan-

„Pranger-Gehen" am Fronleichnamstag in Deggendorf: Die Schutzheiligen werden mit viel Blumenschmuck von den Trachtlern durch die Straßen getragen.

Wie hier in Mietraching bei Deggendorf werden an Fronleichnam vor den vier Altären, die der Fronleichnamszug passiert, prachtvolle Blumenteppiche gelegt.

den" des Kommandanten läßt die Glieder der Veteranen- und Feuerwehrmänner versteinern, die Fahne, gehalten von den Händen des weißbehandschuhten Junkers, senkt sich und der Priester zeigt das Allerheiligste über die gesenkten Köpfe der Gläubigen und segnet sie. Drei Böllerschüsse feuert der Kanonier ab, daß die Tauben erschreckt aufflattern. Die Prozession zieht weiter vorbei an den mit roten und goldumsäumten Tüchern geschmückten Fenstern, Kerzen brennen neben den ausgestellten sakralen Bildtafeln, die die heilige Familie oder den heiligen Josef zeigen. Zu Hause schwitzen die Ministranten in der Läutkammer unter dem Kirchturm beim Läuten der Glocken, die nach dem Schuß des Kanoniers angeschlagen werden zum Lobe des Herrn, der an diesem Tag vom Priester durch die Gemeinde getragen wird.

Pfingsten, ein kirchliches Hochfest mit großen Brauchtumsfesten

400 berittene Wallfahrer

Am Pfingstmontag ziehen alljährlich über 400 betende Reiter durch die Fluren von Kötzting im Oberen Bayerischen Wald, um ein uraltes Gelöbnis zu erfüllen. Gefragt waren dabei einst nicht nur stramme Reitpferde, sondern auch richtige Ackergäule, die geschmückt von Kötzting aus zur Nikolauskirche nach Steinbühl geritten wurden und auch heute noch werden.

Natürlich ziehen auch der Pfarrer und die Ministranten hoch zu Roß bei dieser Prozession mit. Der Umritt geht zurück auf eine Legende, die von einem Kötztinger Pfarrherrn erzählt, der im Jahre 1412 abends einmal zu einem sterbenden Bauern in Steinbühl geru-

Im alten Klosterort Niederalteich sticht der Fronleichnamszug sogar in die blauen Fluten der Donau „in See".

fen worden ist. Er und seine Begleiter seien aber auf dem Hinweg von heidnischen Straßenräubern überfallen worden. Zur Errettung von den Unholden habe der in arge Bedrängnis gebrachte Geistliche schließlich eine alljährliche Wallfahrt versprochen.

Heimatforscher, die verschiedentlich auf die Jahreszahl 1412 gestoßen sind, deuten den Beginn der Wallfahrt als eine Umlenkung von heidnischen Bräuchen in christliche Bahnen, da ja auf dem „Bühel" einst eine germanische Kultstätte war.

Pfingstritte, Bittgänge und Wallfahrten, Heiliggeisttaube und Pfingstl waren einst feste Brauchtumsbestandteile, die das kirchliche Hochfest Pfingsten in Bayern begleiteten und ihm Glanz und Volkstümlichkeit verliehen. Während die westlichen Bräuche die Verbote der Aufklärungszeit um 1800 kaum überlebten, haben die religiösen Festlichkeiten und ihre Formen im Bayerischen Wald sich seit dem ausgehenden Mittelalter beständiger erwiesen und als bodenständig behauptet.

Mit der Wallfahrt nach Steinbühl ist jedoch der Brauchtumstag noch längst nicht erschöpft, sondern man kehrt anschließend wieder zurück in die Stadt, um dort die „Pfingsthochzeit" mit Musik und Tanz zu feiern.

Die Pfingstwallfahrt zum Bogenberg

Auf dem Bogenberg unweit von Straubing tragen am Pfingstsonntag Burschen abwechselnd in einer Art Kraftprobe, die auch viel Geschicklichkeit erfordert, eine zentnerschwere Kerze aufrecht zum Marienheiligtum. Die Pilger haben vorher von Holzkirchen bei Vilshofen an der Donau bereits eine Wegstrecke von 75 Kilometern zu Fuß zurückgelegt. Die „lange Kerze"

wird dabei, auf Schultern liegend, mitgetragen: Ein 13 Meter langer Fichtenstamm ist traditionsgemäß mit rotem Wachs umwickelt und mit Frühlingsgrün geschmückt. Motiv dieser Wallfahrt ist ein Gelübde von 1492 zur Muttergottes vom Bogenberg, als die Gegend von Unwettern und die Wälder vom Borkenkäfer heimgesucht worden waren.

Das „Heiliggeistloch"

Das „Heiliggeistloch" im Deckengewölbe des Chors erinnert noch in vielen Kirchen an einen vergessenen Pfingstbrauch, der einst in Bayern und Tirol weitverbreitet war: Die Herabkunft des Heiligen Geistes in Form einer holzgeschnitzten oder gar einer lebenden Taube am Pfingstsonntag. Auch in den Bauernstuben hing die Heiliggeisttaube als religiöses Sinnbild an der Decke über dem Tisch oder zierte den Herrgottswinkel.

Der Schriftsteller Josef Schlicht, Schloßbenefiziat in Steinach bei Straubing (1832 bis 1917), schildert dieses pfingstliche Schauspiel, wie es damals üblich war: „Schon tritt der Pfarrer, angetan mit dem hochfesttäglichen Rauchmantel und umgeben von seinen vier Ministranten, unter die Rosette und betet in dem feierlich angestimmten lateinischen Hymnus: ‚Veni, Sancte Spiritus: Komm, Heiliger Geist!' Der Orgelspieler entnimmt seinen Tasten die akkordreichsten Klänge, das katholische Kirchenlied vom Heiligen Geist schallt himmelwärts, und der Dorfwagner als angestammter Maschinenmeister bringt vom Dachstuhl heraus die Pfingsttaube ins Schweben. Nun tritt sie in den Bereich der Augen. ‚Da Heilig Geist!' flüstert die halbe Kirche in brennender Begierde. Es ist die anmutig geschnitzte und bemalte Taube, die

als Symbol des Heiligen Geistes zu Häupten des Predigers sonst den Schalldeckel der Kanzel ziert. Unter der goldglänzenden Strahlenscheibe die Fittiche ausgespannt, schwebt an der festlich roten Ampelschnur die Pfingsttaube zur Erde, durch den Druck der Hand je tiefer herabkommend, desto weitere Kreise geheimnisvoll ziehend. Dann schwebt die Heiliggeisttaube wieder hoch und verschwindet in der Luke auf dem Dachboden.

Bei dieser Zeremonie wurden allerlei Kniffe vom Mesner oder den Ministrantenbuben angewandt. Sie ließen die Heiliggeisttaube über die Köpfe der Gläubigen weit ins Kirchenschiff hineinschwingen. Die feurigen Zungen, die nach dem Evangeliumsbericht über den Häuptern der Apostel schwebten, wurden durch herabfallende Blütenblätter von Pfingstrosen oder – höchst gefährlich – durch brennenden Weg und das Brausen des Pfingststurmes durch Geräusche imitiert. Trotz wiederholter Verbote Ende des 18. Jahrhunderts und später wurde an der Zeremonie in vielen Kirchen lange festgehalten."

Die Heiliggeisttaube, die ihren Ehrenplatz in der Bauernstube hatte, war oftmals aus Glas, und Josef Schlicht berichtet in seinem volkskundlichen Kapitel über Pfingsten, was ein „Suppenbrunzer" ist: „...oft hing sie (die Heiliggeisttaube) über dem Tisch, direkt über der Suppenschüssel, was zu dem sehr despektierlichen Namen ‚Suppenbrunzer' führte, weil sich das Glas dann beschlug und so Wassertropfen in die Suppe fielen."

Viel Kraft und Geschick gehören dazu, um den 13 Meter langen Fichtenstamm, der traditionsgemäß mit rotem Wachs umwickelt ist, den Bogenberg hinaufzubalancieren, um das über 500 Jahre alte Gelübde der Bogenberger Wallfahrt zu erfüllen.

Über 400 Reiter sind es alljährlich, die am Pfingstmontag von Kötzting aus aufbrechen, um hinaus nach Steinbühl zu reiten, um damit ein seit 1412 bestehendes Wallfahrtsversprechen einzulösen.

Die ganze Bergpfarrei Sankt Englmar hat sich historisch kostümiert und ist auf den Beinen, wenn man sich aufmacht, den hl. Englmar zu suchen und heimzuholen.

Das Englmarisuchen

„O seliger Waldvater Englmar" beten die Pilger, die den hochverehrten Eremiten, der in einer unwegsamen Gegend des Bayerischen Waldes um 1100 lebte, in Bedrängnis und Nöten seit altersher um Hilfe anrufen. Beim „Englmarisuchen" am Pfingstmontag wird die Holzfigur des Einsiedlers in einer Felsnische im Bergwald versteckt und dann mit festlichem Geleite zu seiner Gedenkstätte, der Wallfahrtskirche von St. Englmar, gebracht. Bei der Schauprozession werden historische Kostüme getragen. Der Leiterwagen mit der Figur des Klausners wird von Ochsen gezogen.

Im Jahre 1086 kam aus dem Unteren Bayerischen Wald ein Eremit mit Namen Englmar, der in Passau Schüler eines armenischen Bischofs war. Nach dessen Tod wanderte Englmar donauaufwärts und erbaute sich eine kleine Einsiedlerzelle im Gebiet der Grafen von Bogen, an der höchsten Stelle des Bayerweges, der von Schwarzach über die Berge nach Viechtach hinunter führt. Um das Jahr 1100 ermordete ihn sein Gefährte aus Neid, wie es in der Lebensbeschreibung des Seligen heißt und verscharrte den Toten unter Reisig und Schnee. Um die Pfingstzeit des darauffolgenden Jahres fand ihn ein Prie-

ster. Der Tote wurde ins Tal hinuntergebracht und über dem Leichnam eine Kapelle errichtet.

Als nach Jahren die kleine Kapelle der Wallfahrer, die zum Gebet hierherkamen, nicht mehr zu fassen vermochte, erbaute man eine Kirche, eine Vorläuferin der heutigen Pfarrkirche von Sankt Englmar.

Das Leben des Seligen und sein plötzliches Ende blieb allzeit im Volke lebendig, und so wurde es auch in der Barockzeit in großen Tafelbildern und erklärenden Versen darunter festgehalten. Diese Legendentafeln sind heute noch der besondere Anziehungspunkt der Pfarrkirche.

Das „Englmarisuchen" wiederholt nun alljährlich jene Episode, in der der Priester den Toten auffindet und zu Tal bringen läßt. Tausende erleben jedes Jahr den farbenprächtigen Zug durch das Dorf hinauf zum Kapellenberg, wo nach der Auffindung der Skulptur des seligen Englmar der Pfarrer hoch über den Häusern des Ortes Feldmesse und Festpredigt hält.

Wie lange gibt es schon dieses Englmarisuchen? Die Erinnerung der Leute in der Gemeinde reicht nicht soweit zurück, gemeinhin nimmt man an, das „Englmarisuchen" sei in der Barockzeit, also im 18. Jahrhundert, entstanden, als die Festfreudigkeit im Volke

ihren Höhepunkt erreichte. Ein bestechender Gedanke zweifellos, aber leider fehlen bis heute irgendwelche Hinweise in den Archiven, die diese Annahme bestätigen würden. Erst 1850 haben wir den Nachweis für eine Figurengruppe – den Englmariwagen –, den ein Fuhrmann leitete; begleitet von einem Einheimischen, der den Abraham darzustellen hatte. 1861 ist auch zum ersten Male in der Literatur vom Englmarisuchen die Rede.

Bis 1906 fand nun in ununterbrochener Folge das Englmarisuchen am Fronleichnamstag statt, als Teil des Zuges durch St. Englmar und seine Ortsfluren.

Der „Pfingstochse"

1936 kamen Pfingstl und Pfingstltuscher in den Umgang, eine besondere Attraktion. Vom Pfingstl, der früher in jedem bayerischen Ort von Haus zu Haus zog und mit Wasser begossen und zuletzt in den Teich geworfen wurde, ist nur der Pfingstlümmel übriggeblieben. So wird der verspottet, der an Pfingsten als letzter aus dem Bett kriecht. „Aufgeputzt wie ein Pfingstochse" erinnert als Redensart noch daran, daß um die Pfingstzeit das Vieh zum Auftakt der Weidezeit geschmückt wurde.

Der alten Überlieferung nach werden zum „Englmarisuchen" zwei Zugochsen eingespannt, die einen Leiterwagen ziehen, auf den dann nach Auffindung die Holzpuppe in Mönchsgewand, die den Eremiten darstellen soll, gebettet wird.

Das Wasservogelsingen des Mittleren und Unteren Bayerischen Waldes

Wenn am Abend der den Waldlern heiligen Pfingstnacht die Dämmerung über das Waldland hereinbricht, erwacht in den Dörfern und Märkten im Mittleren und Unteren Bayerischen Wald ein uralter Brauch: das Wasservogelsingen, das wohl zu den ältesten Kultbräuchen entlang des bayerisch-böhmischen Waldgebirges zählt. Geprägt vom siegreichen Kampf des Sommers über den Winter und vom Fruchtbarkeitsglauben der Altvorderen, die damit Segen auf Feld und Haus erhofften, wurde diese Tradition über die Kriegszeiten hinweg bis in unsere Zeit gerettet.

„Komische Vögel sind das!", hört man da die Ortsfremden und Feriengäste sagen, tauchen die mit Regenumhängen und Ostfriesennerzen bewehrten Burschen in den Dörfern und Einöden, aber auch in den Wohngebieten der Bayerwaldstädte Grafenau, Freyung und Waldkirchen auf, um ihr Pfingstlied darzubringen.

Eine „Schar", so der bezeichnende Name für diese „Vögel", besteht zumeist aus einem halben Dutzend Dorfburschen, die in ihren Reihen einen Vorsänger, einen Eierkater und einen Kirmträger mitführen. Der Eierkater hat die oft nicht leichte Aufgabe, die Eier oder das Silber- oder auch Papiergeld vom Fenster oder der Tür des besuchten Anwesens zu holen, während der Kirmträger die Eier behutsam mitzutragen hat. Zumeist persönlich auf die Hausbewohner zugeschnitten, singen die jungen Männer die althergebrachten Strophen des Wasservogelliedes lautstark in die Nacht hinein.

Unausbleiblich ist es und unbedingt zum Brauch gehört es, daß die Pfingstvögel kräftig mit Wasser begossen werden, was in der Praxis so aussieht, daß die Kinder und auch ältere Familienangehörige schon lange vor dem Eintreffen der Pfingstsänger hinter den Vorhängen, Balkonvorsprüngen und Scheunentoren mit Gießkannen, Eimern und Kübeln lauern, um den Wassersegen ja rechtzeitig zur Hand zu haben.

Nach dem kräftigen Abschütten der Wasservögel gibt es dann die Belohnung, die je nach Einkommen der mit dem Lied beehrten Hof- und Hausbesitzer ein halbes Dutzend Eier, aber auch ein Fünfmarkstück oder gar ein Zehner oder Zwanziger sein kann.

Erst spät nach Mitternacht kehren die „Scharen" ins Dorfwirtshaus oder sonst einem Treffpunkt zurück, wo dann die Gaben gerecht geteilt und ein Teil der Eier zu einer Brotzeit „verarbeitet" werden. Ein halbes Dutzend Spiegeleier und dazu reichlich Brot, das packt ein jeder der hungrigen Brauchtumspfleger. Ja, und Freibier muß dann natürlich auch fließen…

Der Text des Wasservogelliedes ist in allen Dörfern von der Reihenfolge her gleich aufgebaut; natürlich gibt es aber den einzelnen Dorfsituationen entsprechend verschiedene Interpretationen wie Dialekte.

Der Kehrreim des Liedes wird von den „Nachsängern" auf jeden Vers gesungen, der lautet: „Abends schlaft's net, abends sehr, reisen wir daher". Begonnen wird das Lied vom Vorsänger mit der Strophe: „Wir reisen daher am Abend spat, in der heiligen Pfingstnacht." Und dann folgen Vers um Vers folgende Beschreibungen des bäuerlichen Lebens, Neckereien und Segenswünsche:

Wir reis'n hin und reis'n her,
und ham koa Geld im Beutel mehr.

Wenn da Bauer in der Fruah aufsteht,
mit Gott verricht' er sein Gebet.

Da Bauer greift zu Strümpf und Schuah
und geht damit der Stalltür zua.

Der Bauer nimmt d'Schwing
unterm Arm,
und schütt de Viecha 's Fuada in Boarn.

Wir woll' ma enk net schrecka,
wir wolln euch bloß aufwecka.

Heut ist die heilige Pfingstnacht,
wir hamas ja net aufbracht.

Wir reisen über grüne Au,
begegnet uns die liabö Frau.

Wir reis'n übern Wossagrobm,
D'Wasservögl muß ma lob'n.

Ja, meine Viechei freßt's euch gnua,
Ich muaß euch spanna ei in Pflua.

Bäuerin geht in da Kuchl auf und o,
und gibt da Supp'n an guat'n G'schmo.

Bäuerin hot an seidern Rock,
der steht ihr wia a Nagerlstock.

Bäuerin hot an weitn Huat,
drum bockt sie Kropfa goa so guat.

Bäuerin hot a route Haum,
sie draht sie wia a Türteltaub'n.

Mia hör ma d' Schlüssln klinga,
se wern uns scha wos bringa.

Kammatür hot aa a Loh, hör mas net,
so seh'g mas do.

Sitzt a schwarze Henn im Nest,
hot an Schilling Oia glegt.

Wir wünsch ma enk an Heilinga Geist,
daß enk da Fuchs koa Henn dabeißt.

Wir ham de Gab' empfanga, wir toan
uns sche bedanga.

Wir wünsch man enk a guade Nacht, a
guade Stund', und schloft's euch gsund.

Doch nicht nur im Bayerischen Wald, sondern auch im Rottal, wie hier bei einem Bauernhof in Riedertsham, gehören die pfingstlichen Wasservögel mit ihren Klapperschnäbeln fest zum Brauchtumsjahr.

Der Sankt-Benno-Tag

Der Sankt-Benno-Tag am 16. Juni hat in Bayern seit vier Jahrhunderten eine besondere Bedeutung. St. Benno wird in der katholischen Kirche als bayerischer Landespatron verehrt. Eigentlich etwas verwunderlich. Benno, der von 1010 bis 1106 lebte, war nämlich Bischof im sächsischen Meißen und dürfte vermutlich zu seinen Lebzeiten kaum jemals in Bayern gewesen sein. Allerdings jedoch nach seinem Tode. Seine Reliquien ruhen nämlich im Münchner Liebfrauendom.

Als Bischof Benno von Meißen 1523 als „Missionar der Wenden" heiliggesprochen wurde, da wandte sich der Reformator Martin Luther in einer Flugschrift scharf dagegen. Als die Aufbewahrung der Reliquien des Heiligen in Meißen unsicher wurden, „flüchtete" man sie nach München. Wie bei verschiedenen anderen Anlässen jener Zeit führten auch hier die Reaktionen gegen den Heiligen zu Gegenreaktionen: In München erfreute er sich schon bald besonderer Verehrung, die schließlich zur Ernennung zum bayerischen Landespatron führte.

Sonnwendfeuer lodern von den Gipfeln vieler Berge

Schon aus dem Mittelalter gibt es zahlreiche Berichte davon, daß sogar Adel, Patrizier, Bürger wie Bauern, aber ebenso die Geistlichkeit sich zu den Sonnwendfeuern versammelten, vor allem weil man diesem reinigende, übelabwehrende wie fruchtbarkeitsspendende Kraft zuschrieb. Dies konnte sogar noch verstärkt werden dadurch, daß man Johannisgewächse ins auflodernde Feuer war. Das gilt einmal für das „Johanniskraut" (Hartheu), das wegen seines roten Saftes auch „Johannisblut" genannt wird, ferner für die „Johannisblume" (Arnika) und die „Johannisbeeren", vor allem die schwarzen.

Zu allen Zeiten gehört das Springen über das Feuer hinzu. Dies hatte erhebliche Vorbedeutung. Wer unangefochten einen Sprung über das Feuer tat, sollte von Krankheit verschont bleiben. Die Liebe sah ihr Orakel im gemeinsamen Sprung über die Glut, die verschränkten Hände durften sich nicht lösen. Mißlang der Sprung, lösten sich die Hände oder sengten die Kleidung an, so bedeutete das nichts Gutes. Es gibt zahllose Nachweise dafür, daß auch höchste Herrschaften ihr Vergnügen am Sonnwendfeuer hatten. So tanzte 1401 der 72jährige Bayernherzog Stephan mit Gemahlin, Schwester und Bürgersfrauen vor dem alten Rathaus zu Landshut. Damals standen die Holzstöße noch mitten in den Städten, Märkten und Dörfern. Auch Herzog Max in Bayern, der Vater der „Sissy", ergötzte sich mit seinem Freundeskreis noch am Sonnwendfeuer.

Zahlreiche Verbote verbannten die Feuer wieder auf Hügel und Berge. Es konnte aber auch anders sein, wie der gl. Assessor Josef Wimmer für den Bereich des Landgerichts Eggenfelden um die Mitte des vergangenen Jahrhunderts mitteilt: „Zu Johanni werden abends beinahe in jedem Gehöft Feuer aufgemacht und sodann über dasselbe gesprungen." Zu Beginn unseres Jahrhunderts berichtet der Lehrer Michael Waltinger von Simbach: „Von der Marienhöhe aus und den umliegenden Aussichtshöhen sieht man bei klarer Luft namentlich im Inntal auf- und abwärts und im benachbarten Österreich weit hinein im nächtlichen Dunkel der Johannisnacht an 200 Feuer glänzen."

Zu einem solchen Feuer gehört das entsprechende Brennmaterial. Dieses einzusammeln war meist Aufgabe der Buben, die sich mit Feuereifer und einem Schubkarren oder Leiterwagl schon ab dem Veitstag (15. Juni) auf den Weg machten. Vor jedem Haus schrien sie aus vollem Halse ihren Bettelspruch, der nicht überall gleich lautete, aber häufig mit Vitl oder Veitl begann, weil ja St. Veit ein Vorläufer von Johanni ist, so wie Peter und Paul im volkskundlichen Leben als Sonnwendnachfeier gilt.

Nach Michael Waltinger lautet der Suwendbettelvers für den Simbacher Bereich wie folgt:

„Da Michö und da Veitl
dö bittn um a Scheitl,
dö bittn um a Burd Wied,
ha habts dös ganz Jahr an Fried.
Kurze Scheita, lange Scheita! –
Kemmts (morgen - am Suwentag)
auf d' Nacht ins Suwendfeua!"

In der Arnstorfer Gegend setzte man diesem Spruch noch hinzu:

„Aba gwiß, aba gwiß,
wenn akennt ist!"

In anderen Gegenden wurde für den Fall, daß man leer ausging, hinzugefügt:

„Wer uns aba nix gibt,
dem wird d' Nasn a'zwickt!"

Neben weniger wertvollem Brennmaterial wurden den Sammlern solche Gaben ausgehändigt, die man niemals achtlos weggeworfen hätte, wie übriggebliebene Birkenbäumchen vom Prangertag. Palmbuschen, die bisher neben den neuen noch hinterm Kruzifix im Herrgottswinkel stecken, Kräuter von der letzten Kräuterweihe. Sie gaben dem Feuer Weihe und erhöhten die erwartete Wirkung.

Es ist schade, daß die Sonnwendfeuer nicht mehr wie ehedem im Kurse stehen. Sie waren ein wesentlicher

„Flamme empor" heißt es zur Mitsommerwende, wenn auf den Gipfeln der Berge über Stadt und Land die Sonnwend- bzw. Johannisfeuer abgebrannt werden, um damit den längsten Tag und die kürzeste Nacht im Jahreslauf zu feiern.

Bestandteil von Sitte und Brauch in unserer Heimat. Deshalb soll am Abschluß dieser Betrachtung ein Suwendfeuerruf des verdientesten Volkskundlers Niederbayerns, des unvergeßlichen Max Peinkofer, stehen, den er uns 1934 geschrieben hat, als Aufruf, den Suwendbrauch nicht untergehen zu lassen:

„Manna, Weiba: 's Suwendfeua
wird fei wieda azendt heua!
Außa mit dö Prangastauan,
d' Stutzbürd danna vo dö Mauan!
Prügl, Scheida - ois is recht!
Her damit, sunst schrei ma recht.
Weibaleut, so raamts halt d' Schupfa,
nachand därfts aa übahupfa!
Bis zon Himmö muaß dös Feua
wieda auföleuchtn heua!
Unsanö Gsichta, dö wernd glanzn,
wann ma springa, singa, tanzn;
und dö ganze Suwendnacht
wird koa Feierabnd nöt gmacht!
Sankt Johannes, guata Ma,
zendt uns unsa Feua a,
zendts uns a in Gottsnam!
Landsleut, halt man nur föst zamm!"

Mit der Zeit der Christianisierung wurde der heidnische Brauch mit christlichem Sinn erfüllt. Das in den Mittsommer fallende Fest des hl. Johannes des Täufers wurde dem Sonnwendbrauch einverleibt, da ja der Vorläufer des Herrn als „Leuchte der Menschheit" gilt. Dieser heilige Schutzpatron der Jünger Gutenbergs und Helfer bei „Krampf- und Drehkrankheiten", hat nicht nur vielen Männern und Frauen (Johann, Hans, Hannes, Johanna usw.) seinen Namen gegeben, sondern auch vielen Kirchen unserer Heimat. Eine der ältesten Johanniskirchen im Grafenauer Land steht in Kirchberg bei Schönberg, die in den Jahren von 1440 bis 1460 entstanden ist.

Im Grafenauer Land werden am Sonnwendfeuertag wohl in allen Pfarreien und auch in einzelnen Ortsteilen größerer Gemeinden Sonnwendfeuer entzündet. Die Jugend der Stadt Grafenau trifft sich z. B. hierzu am Gipfel des Schwaimbergs, die Neudorfer werden von der Feuerwehr bei Einbruch der Dunkelheit auf den Steinbichl zur Feier der Mittsommernacht und des Namenstags des hl. Johannes eingeladen.

Ein nicht ganz ungefährlicher Brauch zu Sonnwend war es, alte Wagenräder mit Stroh zu umwickeln, zu pechen und dann am Sonnwendfeuer zu entzünden, um sie anschließend ins Tal rollen zu lassen. Zu leiden hatten auch die Krautscheuchen, die man in dieser Nacht von den Feldern holte, um sie zur Belustigung aller Umstehenden ins Feuer zu stecken, was das Bild einer Hexenverbrennung abgab, denn noch bis um das Jahr 1960 hatten sich viele Bauern im Süden des Grafenauer Landes die Mühe gemacht, wohlgeformte Wildscheuchen auf ihre Krautfelder zu stellen.

Der Bilmesschneider geht um

Geht es auf Johanni oder Sonnwend zu, dann heißt es auf der Hut zu sein, denn am 24. Juni, abends während dem Gebetläuten, geht der Bilmesschneider um, ein dämonisches Wesen. Mit einer silbernen Sichel am linken Fuß durchschreitet er Korn- und Haferfelder diagonal, wobei er die Halme abschneidet. Was rechts von der Schneise steht, gedeiht weiterhin der Reife entgegen, aber das linke Dreieck gehört dem Bilmesschneider. Hier „geht das Getreide zusammen", wie man sagt, die Ähren werden „taub", enthalten keine Körner. Nur das Stroh kann man verwenden. In Wahrheit aber kann der Bilmesschnei-

der auch ein als unsichtbarer Dämon auftretender Nachbar sein, der auf diese Weise etwas in seine Scheunen ansammelt, was ihm rechtmäßig nicht gehört.

So wurde diese uralte Mythe noch vor wenigen Jahrzehnten im Sulzbacher Land erzählt. Gedieh das Getreide auf einem Teil des Ackers nicht, glaubte man, eine Spur entdeckt zu haben und behauptete: Da ist der Bilmesschneider drübergekommen.

Es soll auch Mittel geben, um den Bilmesschnitt zu verhindern, zum Beispiel, indem man die Seiten des Getreidefeldes mit Weihwasser bespritzt, das am Dreikönigstag geweiht wurde; oder man steckt in drei Ecken des Ackers Kreuzchen aus Holz, das am Karsamstag beim „Judas-Verbrennen" angesagt wurde: Dann geht der Bilmesschneider beim vierten Eck hinaus und ist machtlos. Wirksame Gegenmittel sind auch diese: Man läßt an Mariä Geburt das Saatkorn weihen oder man steckt geweihte Palmzweige in die vier Ecken des Ackers oder gar, man schießt am Pfingstmorgen kreuzweise über die Saaten.

In anderen Gegenden Bayerns kann sich die Zauberei des Bilmesschneiders auch am Fronleichnamstag oder am Peterstag abspielen. In der Gegend um Roding kommt der Bilmesschneider am Schauermittwoch in der Kreuzwoche, wenn mit dem Kreuz der Flurumgang (Bittgang) stattfindet, oder am Fronleichnamstag genau während der Evangelien, denn da wähnt er sich sicher. Wenn man es richtig anstellt, kann man dem Bilmesschneider seine Beute auch wieder abnehmen. Kommt der Dreschtag, so muß man zuerst „Kranewitter" (Wacholder, Krammetstauden) dreschen. Dadurch wird der Böse gezwungen, gleichzeitig sein Korn mitzudreschen. Statt der erhofften Körner ergibt

sein Drusch nur die Beeren und Nadeln des Wacholders.

Siebenschläfer

Der Siebenschläfertag (27. Juni) gilt im Volk „Lostag". Ganz wie das Wetter an diesem Tag, so soll es sieben Tage oder sieben Wochen sein. Die Heiligen sind jedoch viel weniger bekannt als der Siebenschläfertag selbst. Der Legende nach wurden sie in Ephesus unter Kaiser Decius verfolgt. Sie schlossen sich deshalb im Jahre 250 in einer Höhle ein. Dann fielen sie in einen tiefen Schlaf, der durch ein Wunder Gottes auf 187 Jahre verlängert wurde. Dann erwachten die Jünglinge. Sie kauften sich beim Bäcker Brot und wollten mit einer Münze des Kaisers Decius zahlen. Durch diese längst verfallene Währung und durch die sonderbare Kleidung und Sprache

machten sie sich verdächtig und wurden vor den Richter geführt. Dort wurde das Wunder offenkundig. Der Bischof von Ephesus und das Volk, ja sogar Kaiser Theodosius selbst, eilten zu der Höhle. Dort aber verschieden die Langschläfer, nachdem sie ihre Geschichte erzählt hatten, ruhig im Herrn.

Im Mittelalter war die Verehrung dieser seltsamen Heiligen zwar nicht allgemein, aber doch an mehreren Orten nachweisbar. Heute gibt es nur noch ganz wenige Darstellungen. In Rotthof bei Ruhstorf hat sich sogar eine Wallfahrt zu den Siebenschläfern entwickelt, und die Kirche gilt als die einzige in Deutschland, die ihren Namen trägt. Die Wallfahrt muß im 18. Jahrhundert bedeutsam gewesen sein, denn 1758 ließ der Vornbacher Abt Benedikt Moser vom Kößlarner Stukkator Johann Baptist Modler und seinen Söhnen einen neuen Hochaltar für die Kirche errichten. Modler hat dabei in einer fast märchenhaften Komposition die Höhle mit Tuffsteinen und farbigem Glas gestaltet und sein Sohn Kaspar hat die Siebenschläfer in Stuck modelliert.

Wie kamen die Siebenschläfer nach Rotthof? Es gibt eine glaubwürdige Deutung. An der Südaußenwand des Chores sind zwei Bekrönungen römischer Grabsteine eingelassen, die zusammen sieben Halbfiguren mit großen, scheinbar geschlossenen Augen darstellen. Man hat darin – wahrscheinlich schon in früherer Zeit – die sieben Heiligen erkannt, und so entstand eine Wallfahrt zu den sonderbaren Jünglingen. Man brachte vor allem die kleinen Kinder, die an Schlaflosigkeit litten, dorthin.

Rotthof gilt allgemein als die einzige Siebenschläfer-Wallfahrt im weitesten Umkreis. Unbekannt blieb in der Literatur jedoch, daß es – sogar nicht allzu weit entfernt – noch weitere Kapellen gibt, in denen einst die seltsamen Heiligen von Wallfahrern verehrt wurden. Dies ist von der Holzkapelle bei Eichendorf belegt. Rudolf Kriß erbrachte den Nachweis, daß in dieser auf einer Anhöhe südlich des Marktes gelegenen Kapelle neben einer Kopie des Bogenberger Gnadenbildes auch Wallfahrer kamen, um hier zu den Siebenschläfern zu beten. Und dies gilt auch von der spätgotischen kleinen Kirche in Pildenau bei Ering am Inn.

Unmittelbar neben der Bundesstraße 12 zwischen Ering und Simbach am Inn steht das malerische Kirchlein. Es ist ein kleiner Tuffsteinbau mit spitzem Dachreiter. Der Überlieferung nach soll in Pildenau Papst Damasus II. geboren sein, der 1047 nur für wenige Wochen das höchste Kirchenamt innehatte und eines mysteriösen Todes gestorben ist.

Was hat dieser Altar mit einer Wallfahrt zu tun? Fürs erste gesehen eigentlich nichts, denn, wenn man einer Lokaltradition folgen darf, dann pilgerten einst die Mütter mit ihren schlaflosen und schreienden Kindern hierher und vertrauten sich den hl. Siebenschläfern an. Eine Darstellung der Siebenschläfer aber gibt es in Pildenau nicht. Unter den insgesamt neun Heiligendarstellungen auf dem kleinen Flügelaltar ist auch ein Bischof in Pontifikalkleidung zu sehen, der ein Wickelkind im Arm hält. In der einschlägigen Literatur wird er als St. Abundius, Bischof von Como im 5. Jahrhundert, oder als St. Zenobius, Bischof von Florenz (337–443), der ein von einem Fuhrwerk überfahrenes Kind wieder zum Leben erweckte, bezeichnet. Unbeachtet blieb bisher, daß auch der Passauer Diözesanpatron St. Valentin, der in der Regel mit einem epileptischen Knaben zu Füßen dargestellt wird, vereinzelt auch mit einem Wickelkind in den Armen gezeigt wird, so z. B. am Florianialtar in der Stadtpfarrkirche in Ried. Nachdem Abundius und auch Zenobius in unserem Raum völlig unbekannt sind, ist es viel wahrscheinlicher, in dem Heiligen am Pildenauer Flügelaltar St. Valentin zu vermuten. St. Valentin gilt als Patron gegen die Epilepsie und gegen die Freiseln (krampfartiges Schreien bei Säuglingen).

Es ist anzunehmen, daß einst die Mütter ihre mit „Freiseln" geplagten Wickelkinder zum hl. Valentin nach Pildenau verlobten. Im Laufe der Zeit aber hat sich wohl das Wissen um diesen Heiligen verwischt und an seine Stelle traten die hll. Siebenschläfer, ohne daß ihnen jemals zu Ehren ein Kultbild entstand.

Auf Wallfahrt zu gehen, das wär' nur eine halbe Sache, würde man nicht als Bitte oder Dank für persönliche Anliegen oder die Probleme der Welt eine Kerze spenden.

JULI

Im Juli waren einst Tanz und Feiern verboten

In der Hitze des Sommers gab es einst nur wenig zu feiern. Es gab sogar Verordnungen, die Tanzveranstaltungen gänzlich verboten. Dies hatte den besonderen Grund, daß in der Erntezeit das bäuerliche Gesinde bereits vor Morgengrauen aufstehen mußte, um das mühsame und schweißtreibende Tagewerk zu beginnen. Knechte und Mägde brachen bereits um 4 Uhr früh zur Feldarbeit auf.

Der Liebfrauentag

Selbst mit dem Wallfahren hielt man sich zurück. Nur an Mariä Heimsuchung, am 2. Juli, gab es da und dort Bittgänge wie etwa in Winzer bei Deggendorf. Dieser Bittgang mitten im Sommer sollte paradoxerweise vor Schäden schützen, die zum Ausgang des Winters durch den Eisstoß an den Ufern der Donau hervorgerufen wurden.

Der Liebfrauentag galt auch als Wetterorakel. Denn: „Regnets am Liebfrauentag, währet noch 40 Tag die Plag'", gemeint die des Dauerregens. Doch war es an diesem Tag schön, so versprach er eine gute Ernte.

Der „Ding-Sonntag" vermittelte Erntehelfer

Der Sonntag nach Mariä Heimsuchung hieß im Donauland wie im Gäuboden allgemein der „Ding-Sonntag". Michael Waltinger schrieb in seinem Buch „Bauernjahr im Niederbayerischen" im Jahre 1914 darüber:

„Der Juli bringt dem Bauern im Gäuboden und im Hügelland den Beginn der Ernte. Der Sonntag nach Mariä Heimsuchung hieß früher im Donauland und im Gäuboden der ‚Ding-Sonntag'". „Zu diesem Tage", so schrieb Michael Waltinger 1914, „strömen scharenweise stellenlose landwirtschaftliche Dienstboten und Taglöhner, manche tief aus dem Bayerischen Wald, (auch böhmische Leute sind darunter zu sehen) in Osterhofen, Straubing etc. zusammen, um sich über die Erntezeit (3 bis 4 Wochen) zu verdingen.

In Osterhofen z. B. stehen sie auf dem Marktplatz nach Geschlechtern geschieden rechts und links am Trottoir entlang und harren des ‚Dings'. Das sieht einem Warenmarkte nicht unähnlich; der Unterschied ist nur der, daß sich hier die Ehehalten (gemeint die Dienstboten) selbst, das heißt ihre Arbeitskraft, auf eine bestimmte Zeit verkaufen. Natürlich finden sich auch die Bauern der ganzen Gegend, denen es an Arbeitskräften gebricht, ein. ‚Geh Wirt, brauchst koan Arntka(r)l?' ruft einer über die Straße. ‚Geht da koa Arntmensch ab?' fragt eine vom zarten Geschlecht.

Die Löhne dieser ‚Arntleut' sind verhältnismäßig hoch. Neben der Verpflegung erhalten sie pro Woche 15 bis 18 Mark. Hat ein Bauer seine notwendigen Leute beisammen, dann geht er mit ihnen in ein Gasthaus, wo er sie mit Bier, Brot und Rettich regaliert. Für den Bauern links der Donau ist der ‚Ding-Sonntag' einige Zeit vor der Ernte, um sich am ‚Ding-Sonntag' drüben für die paar Wochen um teures Geld zu vergeben. Der Bauer kann dann sehen, wo er eine Arbeitskraft herbekommt. Am nächsten Sonntag ist ‚Arntmarkt', Warenmarkt mit Verdinggeschäft wie am ‚Ding-Sonntag'."

Wenn das Volksfest-Fieber ausbricht und die Festspielzeit beginnt

Ganz anders die Situation heute: Überall herrscht Festspiel- und Volksfestfieber. Nur selten eine Stadt oder ein Markt oder Pfarrdorf, die hier nichts zu bieten hätten. Das Historienspiel erlebt seit Beginn der siebziger Jahre wahre Urständ. Vereine und Verbände wie Stadt- und Gemeinderäte haben ihre Chroniken neu entdeckt und Anlässe herausgesucht, die es rechtfertigen, das Rad der Geschichte gleich um Jahrhunderte zurückzudrehen.

Aidenbachs Bauernschlacht: „Lieber bairisch sterb'n als österreichisch verderb'n"

Generationen von patriotisch gesinnten bayerischen Schulmeistern ist es zu verdanken, daß die Sendlinger Mordweihnacht von 1705 nicht aus unserer Geschichte verschwunden ist. Eine der Hauptfiguren ist bei diesen Erzählungen stets der legendäre „Schmied von Kochel" gewesen.

Diese romantisch verklärte Gestalt wurde zur Symbolfigur des Aufstandes der oberländischen Bauernschaft. Aber auch in Niederbayern fand dieses Aufbegehren der bäuerlichen Bevölkerung gegen die verhaßte österreichische Besatzungsmacht, die der Spanische Erbfolgekrieg (1701–1714) ins Land gebracht hatte, breite Unterstützung.

Im Niederbayerischen und in dem damals noch bayerischen Innviertel waren die Anfangserfolge der Aufständischen sogar größer als im damaligen Rentamt München. Dafür waren auch

Szenen, wie sie einst der blutige Krieg bei der Bauernschlacht bei Aidenbach spielte, werden beim Historienspiel „Lieber bairisch sterb'n als österreichisch verderb'n" gezeigt.

die Opfer der brutalen Niederschlagung des Aufstandes dort zahlreicher.

In der sogenannten Schlacht von Aidenbach am 8. Januar 1706, die keine reguläre Schlacht, sondern mehr ein Massakrieren der schlecht bewaffneten Aufständischen war, brach der Widerstand auch im bayerischen Unterland zusammen. Da sich die berittenen Anführer, ähnlich wie bei Sendling, auch hier gleich am Anfang davongemacht hatten, gerieten die etwa 3000 Aufständischen, die südlich und östlich des Marktes Aidenbach gelagert hatten, beim Anblick der regulären österreichischen Truppen in Panik. Die Österreicher unter General Kriechbaum gaben befehlsgemäß kein Pardon und vernichteten das ihnen wehrlos ausgelieferte „Bauerngesindel" so vollständig, daß etwa 2000 Tote die winterlichen Felder um Aidenbach bedeckten.

Letzte verzweifelte Versuche einzelner Schützen, sich in Bauernhöfen zu verschanzen und ihr Leben so teuer wie möglich zu verkaufen, lieferten den Stoff zu einer Volkssage, die einen heldenhaften Verteidiger der Heimat in den Mittelpunkt stellt: Peter Nagl, Bauer auf dem Reschenhof im Dobl bei Aidenbach, soll mit einigen wenigen Getreuen den eigenen Hof heldenhaft verteidigt haben, bis er unter den Trümmern der von den Österreichern in Brand gesteckten Gebäude begraben wurde.

Wie beim „Schmied von Kochel" so steckt auch in dieser Sage ein wahrer Kern: Aus dem Reschenhof wurde nach einem Augenzeugenbericht tatsächlich heftig auf die Österreicher geschossen, die dafür den gesamten Hof vollständig niederbrannten.

Dieses tragische Geschehen in ihrer engsten Heimat haben Bürgerinnen und Bürger aus Aidenbach und Umgebung zum Thema eines Freilichtspiels gemacht. Der Autor des Stücks, Peter Klewitz, dramatisierte Vorgeschichte und Verlauf der Katastrophe von Aidenbach in einem modernen Stück, das sich aus zehn Bildern zusammensetzt. Etwa 120 Laiendarsteller sind seit der ersten Aufführungssaison 1991 engagiert bei der Sache in einem Spiel, bei dem letztendlich der Schnitter Tod die Überhand behält, denn für die Aufständischen galt: „Lieber bairisch sterb'n als österreichisch verderb'n".

Wenn der Marktrichter seines Amtes waltet

Die Waldkirchner Marktrichtertage finden immer am ersten Wochenende im Juli statt. Das Fest beginnt am Freitag mit dem Einzug des Passauer Fürstbischofs in seinen Markt Waldkirchen, um hier auf die Jagd zu gehen. Die Beteiligten gestalten einen Festzug in Kostümen aus der Zeit des 18. Jahrhunderts.

Am Samstag, dem eigentlichen Marktrichtertag und dem Marktrichterfest, erinnern die Waldkirchner an jene geschichtliche Tatsache, daß der Markt früher seine eigenen Rechte hatte und daß die Marktbürger in Sachen Rechtsprechung einen Marktrichter unterworfen waren.

So hat das Marktgericht zum Beispiel in Sachen „Gewässerverunreinigung" zu ermitteln und auch zu richten. Da wird z. B. die Jungfer Balbine der Untat überführt, ausgerechnet an jenem Tag, als der Bräu von Waldkirchen Wasser aus dem Bach zum Bierbrauen entnommen hat, in diesen Bach ihren Nachttopf entleert zu haben. Im Sinne des Reinheitsgebotes ein schwerer Verstoß! Ein Exempel muß statuiert werden, und so landet die Jungfrau Balbine am Waldkirchner Pranger.

Nach den Gerichtsverhandlungen sitzt man gemütlich zusammen bei einem oder mehreren Gläsern dunklem Bier und zünftiger Musik. An den vielen Ständen am Marktplatz gibt es unter anderem Schnupftabak und Bierseidel, auch Tongeschirr und Kernseife zu kaufen.

Die Gunther-Spiele zu Rinchnach

Ostbayerns Festkalender kennt allein für diesen Monat alljährlich an die sieben Dutzend größere Feste und Festspiele. So wird auch im ältesten Ort des Mittleren Bayerischen Waldes, im ehemaligen Klosterort Rinchnach, ein historisches Freilichtspiel geboten.

In mehreren Aufführungen wird in der zweiten Julihälfte in bewegten Bildern aus dem Leben des thüringischen Reichsgrafen Gunther erzählt. Mehr als siebzig Laiendarsteller agieren unter freiem Himmel auf einer beeindruckenden Naturbühne.

Zum geschichtlichen Hintergrund: Das Stück spielt um die Jahrtausendwende. Das „Heilige Römische Reich Deutscher Nation" ist entstanden. Der Reichsgraf Gunther von Thüringen gehört der Führungsschicht des Hochadels an. Bis zu seinem 50. Lebensjahr führt er ein ritterliches Leben. Er nimmt an Heerzügen nach Italien und nach dem Osten teil, bekleidet hohe weltliche Ämter, erwirbt sich Verdienste um das Reich. Dann tritt er in den Benediktinerorden ein und gründet als „Rodungsapostel" das Kloster Rinchnach im Bayerischen Wald.

Am ersten Wochenende im Juli kehrt in Waldkirchen im unteren Bayerischen Wald jene Zeit zurück, als noch der Marktrichter nach mittelalterlichem Recht zu Gericht saß und die Schwerenöter ihrer gerechten Strafe zuführte.

Postillione beim Mauther Heimatfest. Eine besondere Attraktion ist dabei der historische Festzug, bei dem die königlich-bayerische Post aus der Zeit, als noch Postillione mit ihren schmucken Uniformen auf dem Kutschbock saßen, nicht fehlen dürfen.

Der Hunnenkönig wirbt in Plattling um Kriemhild

Ebenfalls Jahrhunderte zurück gedreht wird das Rad der Geschichte in Plattling. In einem mehrtägigen Fest wird ein Stück der Nibelungensage nachvollzogen: Die „Nibelungen" fallen in Plattling alljährlich Ende Juli ein und lassen die Stadt Frühgeschichte spielen.

Ein eher freudiger Anlaß führt die Nibelungen dabei nach Plattling, damals, so belegen es Urkunden, „Pledelingen" genannt: Die Geißel Gottes wirbt um Kriemhilde. Der Inhalt einer Strophe des Nibelungenepos, in der Plattling Erwähnung findet, nahm der Plattlinger Heimatdichter und Rektor i. R. Josef Widl anläßlich der 100-Jahr-Feier der Stadtererhebung Plattlings als Grundlage für ein Historienspiel:

Königin Kriemhilde trifft sich auf dem Wege von Worms nach Ungarn mit ihrem künftigen Gemahl, dem Hunnenkönig Attila, wie mit ihrem Onkel Piligrim, dem Bischof von Passau, in Plattling, an der Grenze zwischen den Bistümern Passau und Regensburg. Die Bevölkerung von Plattling entbietet diesen erlauchten Gästen, so will es das Historienspiel, einen herzlichen Empfang.

Zum Festspielsommer 1994 wurde das Schauspiel um eine Szene erweitert. Um die Hunnen besser ins Spiel zu bringen, ließ der Autor die wilden Mannen unter Vermittlung des Rüdiger von Pecchelaren um die Königin Kriemhilde werben.

Die „Plattlinger Zeitung" wußte zum Plattlinger Festspiel '94 folgendes zu berichten: „Die Brautwerbszene, das Zusammentreffen zwischen der Königin Kriemhilde, ihren Hofdamen und den sie begleitenden Nibelungenrecken

auf der einen Seite und Bischof Piligrim und seinen geistlichen Begleitern auf der anderen Seite und das Auftreten der Hunnen lassen die Welt des Frühmittelalters wieder aufleben. Königin Kriemhilde, Bischof Piligrim, Frau Ute, Archediakon Beda, Abt Warin, Pater Fidelius, die Hofdamen Sybilla, Gertrude und Hildegunde, die jugendliche Roswitha, König Gunther mit seinen Pagen, Hagen von Tronje, Gernot und Giselher, die Brüder von Kriemhilde, vier Naturgeister, Rüdiger von Pechelaren, Nibelungenrecken und Hunnenkrieger bieten dem Zuschauer ein farbenprächtiges, aber auch spannungsgeladenes Schauspiel.

Vor dem eigentlichen Spiel begrüßen Sänger, Tänzer, Musikanten, die Kinder Plattlings, Bauern aus der Umgebung, fahrendes Volk, Gaukler, Feuerspeier und Fahnenschwinger Königin Kriemhilde.

Der Stadtplatz von Plattling selbst wird dabei für vier Tage zum mittelalterlichen Lagerplatz. Die wilden Hunnen haben ein furchterregendes Lager aufgeschlagen und bewirten die Gäste täglich mit Spanferkelbraten, Hunnenwürsten und dem Hunnenbier aus der Brauerei Aldersbach. Die Nibelungen haben ihr Lager im respektvollen Abstand von den Hunnen bezogen. Bei mittelalterlicher Musik und Spiel kredenzen sie am Lagerfeuer köstliche „Ritterschmankerl" und den berühmten Nibelungentrunk der Brauerei Moos.

Auch lädt der Reitertroß der Nibelungen in sein uriges Lager ein. Im Lager des fahrenden Volkes wird von feurigen Zigeunerinnen Rotwein ausgeschenkt. Ein sehenswertes Bauernlager erwartet die Gäste mit deftiger Kost. Rüdiger von Pechelaren aus dem benachbarten Österreich hat ein prächtiges Ritterzelt aufgestellt. Zwischen den

einzelnen Lagern haben fahrende Händler ihre Buden errichtet und bieten mittelalterliche Waren verschiedener Art an.

Auf einem „Goldenen Steig" zum Graineter Säumerfest

Im Unteren und Mittleren Bayerischen Wald machen sich in den Monaten Juli und August gleich zwei Säumerfeste Konkurrenz. Am Beispiel der Säumerstadt Grafenau, die seit dem Jahre 1976 alljährlich am ersten Samstag im August Tausende von Zuschauern mit ihrem Säumerfest lockt, hat sich vor erst wenigen Jahren auch das idyllisch gelegene Pfarrdorf Grainet orientiert. Diese Gemeinde hält ihr Säumerfest jeweils am zweiten Juliwochenende ab. Geboten sind hier ebenfalls Umzug wie Gerichtsverhandlungen, buntes Markttreiben wie folkloristische Auftritte, wozu man auch Fechtergruppen aus Böhmen, also Tschechien, eingeladen hat.

Das Fest steht auch hier auf historischem Boden, denn zu mittelalterlichen Zeiten haben gleich drei „Goldene Steige" als Salzstraßen Bayern mit Böhmen verbunden.

Der älteste und im 17. Jahrhundert am meisten begangene Weg, der „untere" Goldene Steig, führte von Passau aus über Ernsting, Oberleinbach, Schiefweg, Böhmzwiesel, Fürholz, Grainet und Wallern nach Prachatitz. Auf dem großen Ilzstädter Landtag des Jahres 1256 erlaubte der Passauer Fürstbischof dann auch den Bewohnern von Waldkirchen, Schiefweg, Böhmzwiesel und Fürholz neben den Böhmen auf diesem Weg zu reisen und zu handeln. Unglaubliche Mengen an Salz und Südwaren sind auf dem Gol-

Grasweiber beim heimatgeschichtlichen Festzug in Mauth dokumentieren alljährlich zur Sommerzeit ein Stück Sozialgeschichte des Bayerischen Waldes um die Jahrhundertwende, als jedes Mitglied einer Häuslerfamilie in harter Arbeit zur Existenzsicherung beitragen mußte.

denen Steig nach Böhmen eingeführt worden.

Als um die Mitte des 16. Jahrhunderts der größte Verkehr auf den Steigen war, da zählte man allein in Prachatitz 1300 Saumrosse in der Woche.

Panduren-Horden rücken vor

Festspielzeit ist im Juli wie im August auch in Waldmünchen angesagt, wenn Trenck der Pandur mit seinen wilden Horden vor den Toren der Stadt steht. Seit dem Jahr 1950 wird beim ehemaligen Pflegerschloß vor der uralten Stadtmauer Geschichte gespielt. In drei großen Akten gewährt das nächtliche Schauspiel einen Einblick in die wechselvolle Geschichte Waldmünchens und die Geschehnisse während des Österreichischen Erbfolgerieges. Man schrieb das Jahr 1742, als der berüchtigte und gefürchtete Pandurenoberst Franz von der Trenck mit seinen wilden Horden durch Ostbayern zog. Mit einer Kontributionszahlung von 50 Speciesdukaten konnten sich damals die Waldmünchener die weitgehende Schonung ihrer Stadt am alten Paß nach Böhmen erkaufen und das Schlimmste verhindern.

In diesem begeisternden Spiel wirken mehr als 200 Laienschauspieler mit, die prächtigen Volksauftritte und die wilden Reiterszenen im Widerschein lodernder Lagerfeuer machen das Spielgeschehen äußerst lebendig. Vor allem aber die Darstellung des Pandurenfürsten Trenck – erregend in seiner Wildheit, Verwegenheit und Grausamkeit, begeisternd in seiner bedingungslosen Treue und glühender Verehrung zu seiner Kaiserin Maria Theresia, erschütternd in seinem vergeblichen Kampf gegen die Intrigen sei-

ner Neider – zieht die Zuschauer (die übrigens auf einer vollüberdachten Tribüne sitzen) jedesmal wieder in ihren Bann.

Auch der Glasmacherort Spiegelau wird von den Panduren eingenommen

Jeweils am dritten Samstag im Juli rücken die Panduren auch im Glasmacherort Spiegelau am Fuße des Rachel an. Das, obgleich dieses kriegerische Volk bei ihrem plündernden Raubzug im Jahre 1742 alles andere als verehrungswürdig war. Im Glasmacherort geben sie ein Stelldichein bei einem Pandurenlager und rücken dann am nächsten Morgen – das allerdings nach einem Festgottesdienst in der Pfarrkirche – zum Rathaus vor, wo ihnen vom Rat des Ortes die keinesfalls historisch verbürgten Schätze übergeben werden. Dazu gibt es natürlich viel Musik und ein Salutschießen der Grafenauer Bürgerwehr, die Präsentation alten Markttreibens und der Handwerkskünste im Bayerischen Wald, die bis zum heutigen Tage nicht ausgestorben sind. Besenbinder sind hier genauso am Werkeln wie die ortstypischen Glasmacher.

Der geschichtliche Hintergrund: Mit einer 1000 Mann starken Horde diente dieses Kriegsvolk einst der österreichischen Armee als Vorhut. Durch ihr barbarisch wildes Aussehen sowie mit ihren gebogenen Säbeln verbreiteten sie Angst und Schrecken unter den Einwohnern.

Sie verbrannten und vernichteten alles und mordeten, was ihnen in die Finger kam, so ging z. B. Cham in Flammen auf, es wurden Burgen eingenommen und belagert. Heutzutage, also 250

Jahre danach, verbreitet diese Vorstellung kaum noch Schrecken.

Ein Fest unweit der böhmischen Grenze: das Zwieseler Grenzlandfest

„Wenn einst die böhmischen Bärentreiber und Dudelsackpfeifer in Zwiesel Station machten, der Prater-Karl draußen auf dem Anger sein Fahrgeschäft aufbaute und der Kasperl Larifari jung und alt zu begeistern verstand, dann war Volksfestzeit im alten Markt. Die Zwieseler haben schon immer gern gefeiert", so erinnert sich der Schriftsteller Adalbert Pongratz an die Anfänge des Festefeierns in seiner Heimatstadt Zwiesel.

Erst im Jahr 1936 gab man dem Volksfestgeschehen einen offiziellen Rahmen und einen neuen Stil. Der Großhändler Hugo Stoiber hatte eine hochaktive Mannschaft von Festgestaltern um sich gesammelt, die das Zwieseler „Grenzlandfest" jeweils Mitte August auf dem Jahnplatz einrichtete und damit bei der Bevölkerung des Winkels vorzüglich ankam. Mit dazu gehörten im jährlichen Wechsel bis 1939 Ausstellungen für Handel, Handwerk, Gewerbe und Kunst, die von ihren Besucherzahlen her einen geradezu sensationellen Anklang fanden. Das vierte dieser ersten Grenzlandfeste, mit einem besonders attraktiv bestückten Rummelplatz wurde in der Zeit vom 12. bis 20. August 1939 abgewickelt, stand aber schon ganz im Zeichen der Kriegsvorbereitungen.

Erst im Jahre 1949 ging man in Zwiesel an die Planung eines neuen Volksfestes, behielt den alten Namen und den Jahnplatz als „Festwiese" ebenso, wie die Regelung aus dem Gründerjahr, daß im jährlichen Wechsel eine

Nicht nur die „Ilz-Stadtler" sind auf den Beinen, wenn das Ilzer Haferlfest mit großem Festzug, Zillenrennen, Feuerwerk und großem Straßenaus-schank alljährlich im Juli gefeiert wird, zu dem sich „Neptun" mit seinem Dreizack persönlich angesagt hat.

Die Gunther-Festspiele erinnern im ältesten Ort des Bayerischen Waldes, in Rinchnach bei Regen, alljährlich in der zweiten Julihälfte mit mehreren Aufführungen an das Leben und Wirken des Rodungsapostels St. Gunther.

Stattlich Pferd und Reiter: die Waldmünchner Panduren bei ihren Festen in Waldmünchen wie beim Pandurenfest im Glasmacherort Spiegelau.

der beiden Zwieseler Brauereien für das eigens gebraute Festbier zu sorgen hatte. 1949 wurden erstmals Festabzeichen verkauft, das waren ganze 2576 Stück zu 50 Pfennig und 1974, also nach 25 guten Volksfestjahren, verkaufte man zum letzten Male diese Abzeichen. Dabei wurden 22 878 Stück der kleinen hölzernen Stadtwappen abgerechnet.

1954 zur 50-Jahr-Feier der Stadterhebung erlebte Zwiesel einen großartigen historischen Festzug und nach anhaltenden Regenfällen auf dem Jahnplatz eine gewaltige Überschwemmung. 1956 hat man den neuen Festplatz auf den Pfefferwiesen unterm Zwieselberg in Betrieb genommen und ist von dort im Jahr 1991 auf das speziell dafür ausgebaute Festgelände unmittelbar am Schwarzen Regen umgezogen.

Zu der heute noch gültigen Programmgestaltung der Festwoche hat der seit Gründung bestehende Grenzlandfestausschuß sehr früh gefunden. Die Zwieseler waren die ersten im Lande, die einen in der Folge oft kopierten „Tag der Alten" eingeführt haben. Mit zum Fest gehörten über Jahre hinweg die von Oberforstrat Konrad Klotz ins Leben gerufene „Holzhauer-Olympiade", ein Sportprogramm, der sonntägliche Aufzug des „Großen Wolfes" und seit den ersten Festen nach 1949 der Zwieseler Fahnenschwinger als Festsymbol.

In den letzten Jahren hat man sich erneut auf die gute Ausstellungstradition für Handel und Handwerk besonnen und einige Jahre auch die Zwieseler Glastage im Rahmen des Grenzlandfestes veranstaltet. Im Turnus von zwei Jahren ging 1994 zum vierten Male zum Grenzlandfest auch das Geschicklichkeitsfahren der Brauereigespanne auf dem Stadtplatz über den Parcours.

Das Regener Pichelsteinerfest: Ein großes Fest um ein schmackhaftes Gericht

Das Regener Pichelsteinerfest ging aus dem Kirchweihfest hervor. Die Regener Kirchweih (Kirchtag, Kirta) findet seit alters her jeweils am Sonntag nach Jakobi statt.

Während sich das eigentliche Fest am Sonntag mit Kirchgang und ausgiebigen Speisen abspielte, hängte man meistens noch einen Tag zum Nachfeiern dran: den Kirtamontag. Da suchte man die Wirtshäuser auf, und die Jugend traf sich zum Tanz.

Das Pichelsteinerfest wurde erstmals am Kirchweihmontag im Jahr 1874 gefeiert, als sich vier Regener Bürger beim Hofwirt zu einer fröhlichen Runde zusammensetzten und das Fest aus einer Bierlaune heraus gründeten. Der Wirt Anton Winkler stiftete zu diesem Anlaß extra ein in Leder gebundenes „Grundbuch für die Gesellschaft Büchelsteiner in Regen". Hauptzweck des Festes war fröhliches Zusammensitzen sowie das Kochen und Verzehren des Pichelsteinergerichtes. Man sang viel und leerte so manchen Eimer (Faß) Bier. Das Fest feierten nur die Männer. Frauen waren in der ersten Zeit ausgeschlossen.

In der Chronik wurden zehn Jahre lang die Besucherzahlen vermerkt, von 1884 bis 1893 schweigt sie. 1894 wurde das Pichelsteinerfest „zum ersten Mal abgehalten bei Herrn Bierbrauer Michl Raith unter Arrangement der Burschenschaft Regen". Michl Raith, das war das Weißbrauhaus Pfeffer in der Bodenmaiser Straße.

Bis 1911 erfolgt wieder jedes Jahr ein Eintrag in die Chronik mit dem Vermerk der Teilnehmer und des gestifteten Bieres. Wieder schweigt die Chro-

nik bis 1930. Wohl fanden in Regen schon 1926 wieder Volksfeste statt, aber das Pichelsteinerfest am Sonntag nach Jakobi wurde erst wieder 1930 ins Leben gerufen. Das ursprünglich reine Vereinsfest im kleinen Rahmen sollte aus wirtschaftlichen Gründen (Fremdenverkehr) ein großes Heimatfest werden.

Der Zweite Weltkrieg war schuld an einer weiteren Pause. Seit 1949 feiern die Regener ihr Pichelsteinerfest ununterbrochen bis heute – und man könnte meinen, sie feiern es jedes Jahr toller.

Das Pichelsteiner ist mit Sicherheit schon vor 1874, als das Pichelsteinerfest in Regen gegründet wurde, bekannt gewesen. Alte Regener wissen zu berichten, daß im Jahr 1742 eine Bäuerin im Wieshof gezwungen gewesen war, den Panduren Trenk und seine Leute zu verpflegen. Sie hatte jedoch nur Kraut und Rüben (Kartoffeln waren noch nicht bekannt) und einige Reste Fleisch zur Verfügung, die sie in ihrer Not in einem großen Kessel, der an einem Haken über dem Feuer hing (Pichel genannt), zusammen gekocht hat. Es soll so schmackhaft gewesen sein, daß das Rezept erhalten blieb.

Einer anderen Version nach soll die Wirtin Auguste Winkler aus Grattersdorf dieses Gericht für eine Gesellschaft gekocht haben, die auf dem Büchelstein, einem Berggipfel im Sonnenwald im Lallinger Winkel, gefeiert hat. Bestimmt hat das Gericht auch daher seinen Namen bekommen. Tatsache ist, daß diese Auguste Winkler, eine geborene von Kißling aus Kirchberg, 1848 in Regen geheiratet hat. Es kann also sehr wohl sein, daß das Rezept ursprünglich wirklich aus Regen stammt. 1894 taucht es zum ersten Mal in einem Kochbuch auf (Lindauer Kochbuch). Heute ist es in allen neuen deutschen

Mit einem dreifachen Salut wird alljährlich am ersten Freitag im Juli das nunmehr über 40 Jahre alte Grafenauer Volksfest von der Bürgerwehr der Säumerstadt angeschossen.

Das Regener Pichelsteiner-Fest bringt der Falter-Bräu beim großen Festzug am Pichelsteiner-Festsonntag mit seinen zehn stolzen Rappen, die auch beim Oktoberfest in München bewundert werden können, so richtig in Schwung, sind sie es doch, die symbolisch das landgebraute Festbier befördern.

Rezeptsammlungen zu finden. Roland Göck rechnet es zu den hundert berühmtesten Rezepten der Welt.

Agnes-Bernauer-Festspiele: Vom schmählichen Tode einer schönen Baderstochter

Die tragische Lebens- und Liebesgeschichte der Augsburger Baderstochter Agnes Bernauer ist der historische Hintergrund für das alle vier Jahre stattfindende Freilichtspiel im Herzogschloß zu Straubing. Die Ehe zwischen der Bernauerin und Herzog Albrecht III. war ein Angriff auf die „von Gott gewollte" Ständehierarchie des Mittelalters. Als alle Versuche, Albrecht von Agnes abzubringen, mißlangen, wurde sie von Herzog Ernst, ihrem Schwiegervater, in Abwesenheit von Herzog Albrecht der Zauberei und des Hochverrates angeklagt und am 12. Oktober 1435 zum Tode verurteilt und in der Donau ertränkt.

Die Agnes-Bernauer-Festspiele, die seit 1935 aufgeführt werden, sind ein Stück der Straubinger Bevölkerung. In einer völlig neuen Festspielfassung, die von den Nachwuchsregisseuren Johannes Reitmeier und Thomas Stammberger erarbeitet wurde, soll dem Zuschauer ein faszinierendes Bild spätmittelalterlichen Lebens um die Gestalt und das tragische Ende der Bernauerin vermittelt werden.

Hier die Kurzfassung des Spiels: Erstes Bild: Straubing, anno 1433:

Bayern ist in drei Herzogtümer zerfallen: Landshut, Ingolstadt und München-Straubing. Die Hussiten drohen aus dem Böhmischen herüber, die Kaufleute erobern die Städte und erschließen neue Handelswege, die Ritter auf ihren Burgen verarmen, beginnen zu rauben.

In Straubing zieht als Herzog-Stellvertreter Albrecht ein, der Sohn des Herzog Ernst, der gemeinsam mit seinem Bruder Wilhelm München-Straubing regiert. An der Seite des jungen Albrecht steht seine bildschöne Frau: Agnes Bernauer. Sie soll aus Augsburg kommen, Tochter eines Baders sein und – so weiß man in den aufgebrachten Adelskreisen zu berichten – den jungen Herzog ganz und gar verzaubert haben.

Die Ritterschaft, dem Eid für Herzog Ernst verpflichtet, beginnt sich zu spalten, doch der Erbhofmeister, Ritter Hans von Degenberg, erhält eine Botschaft Ernsts, die erst einmal klare Verhältnisse schafft: „Albrecht, dem Herzogstellvertreter soll man huldigen, von Agnes steht da nicht ein Wort..."

Zweites Bild: Straubing, ein Jahr später, anno 1434. Die einjährige Anwesenheit von Albrecht und Agnes wird gefeiert. Turniere sind bestellt und Gäste geladen.

Da trifft Ernst in Straubing ein, in Begleitung seiner Tochter Beatrix, der stolzen Pfalzgräfin. Noch während Bürger mit dem Dompropst streiten, weil die Stadt mehr und mehr vom reichen

Alle vier Jahre wird in Straubing das Leben und Leiden der Agnes Bernauer dargestellt.

Domkapitel abhängig wird, greift Ernst ins Geschehen ein. Er warnt Agnes Bernauer und seinen Sohn Albrecht, sich nicht den Interessen des Landes entgegenzustellen.

Der Adel ist entrüstet über die „nicht ebenbürtige" Agnes, die zu schwanken beginnt, den Vater und den Sohn nicht trennen will. Doch Albrecht will seine Ideale nicht verwerfen und er will vor allem seine schöne Agnes nicht verlieren.

Herzog Ernst gewährt den beiden eine Frist von einem Jahr, um die Ehe zu lösen, aber ein ketzerischer Mönch beschwört vor dem aufgebrachten Volk die düstere Zukunft...

Drittes Bild: Straubing, 12. Oktober 1435. Agnes Bernauer ist allein in Straubing, Albrecht wurde zu einem Turnier nach Landshut gerufen. Der Aichstetter, Kanzler des Herzog Ernst, hat alle Fäden gezogen – das Herzogliche Hofgericht ist aufgeboten!

Noch einmal wird Agnes Bernauer von Herzog Ernst aufgefordert, hinter Klostermauern zu gehen, doch sie hält fest an der Treue zu ihrem Albrecht. Herzog Ernst muß ein Urteil sprechen, das des Todes durch Ertränken.

Die Hundstage bringen die Hitze des Sommers

So recht willkommen sind all jenen Organisatoren von Festlichkeiten dann die „Hundstage", die am 23. Juli ihren Anfang nehmen. Sie trocknen das Heu, sie rösten das Körnlein in den Ähren und machen, daß es braun und hart wird. Sie schieben aber auch die Wolken zusammen, die dann gar oft gräßliche Donnerwetter ausbrüten.

Es wäre irrig zu glauben, daß die Hundstage, die bis zum 24. August dauern, mit der Julihitze zusammenhängen. Man nennt sie nicht deswegen

so, weil etwa die Hunde in dieser Zeit von der grimmigen Hitze wutkrank werden und noch weniger deshalb, weil die Menschen infolge der Julihitze auf den Hund kommen, sondern einzig darum, weil in den Tagen vom 23. Juli bis 24. August der sogenannte Hundsstern mit der Sonne aufgeht. Er ist der hellste Stern im Bild des „Großen Hundes", der sonst in der Astronomie den Namen „Sirius" trägt.

Schon die alten Ägypter registrierten die Hitzeperiode, die mit dem Aufgang des Hundssternes ihren Anfang nahm. Im Mittelalter wurde während der Hundstage oftmals kein Gottesdienst gehalten. Der griechische Arzt Hippokrates war der Meinung, daß durch die Hundstage Gallenerkrankungen ausgelöst und gefördert werden. Im altbayerischen Bauernjahr galt der Beginn der Hundstage als Termin für den Erntebeginn. „Wenn die Hundstage beginnen, stellt sich St. Jakobus ein und spannt die Pferde an", so sagte das Landvolk zu Großvaters Zeiten.

Die Reifezeiten der heimischen Getreidearten liegen heute anders als damals. Züchtung, Bodenkultur und Düngung haben sie verschoben und sind nicht mehr traditionell an bestimmte Tage gebunden.

Naturfreund und Wanderer schauen im Juli gern nach den Ameisen, die geschäftig über den Weg eilen. Wenn man ihnen ein Weilchen zusieht, stellt sich heraus, daß sie alle einem bestimmten Ziel zustreben. Noch ist dieses Ziel Anfang Juli nicht klar zu erkennen, aber der Fachmann weiß genau, was hier im Gange ist. Die Ameisen bauen einen neuen „Haufen". Der nüchterne Mensch unserer Tage mag es nicht glauben, aber aus der hektischen Eile, mit der die Ameisen am Werk sind, kann man auf den kommenden Winter schließen.

Dafür gibt es eine ganze Reihe Sprüche, die in allen Gegenden Geltung haben. So heißt es: „Baut im Juli die Ameise groß den Hauf, folgt ein strenger Winter drauf." In alten Zeiten, als Kohleheizungen noch ganz selten waren, dafür mit Holz gefeuert wurde, entwickelte sich der Spruch: „Wenn's im Juli gibt hohe Ameisenhaufen, so mußt du viel Holz für den Winter kaufen." Dieser Rat entspricht auch der Bauernregel: „Juli trocken und heiß, Januar kalt und weiß."

Auch die Lostage sind im Juli sehr aufschlußreich. So stehen sich der 10. Juli, der Sieben-Brüder-Tag, und der 15. Juli (Aposteilteilung) gegenüber. Vom Sieben-Brüder-Tag sagen die Erfahrungsregeln, daß er eine „endlose" Regenperiode einführt. Entsprechend heißt es: „Ist der Sieben-Brüder- ein Regentag, so regnet's noch sieben Wochen danach." Doch unseren Vorfahren schien diese für die Ernte sehr ungünstige Folgerung nicht ganz geheuer zu sein, da es in unserem Klima keine Wetterperiode gibt, in der es sieben Wochen lang ununterbrochen regnet.

So haben denn die Wetterpropheten vergangener Jahrhunderte einen Ausweg gefunden, und zwar den 15. Juli, genannt Aposteilteilung. Da heißt es zunächst: „Ist Aposteilteilung schön, so kann das Wetter der Sieben Brüder geh'n", die Schwarzseherei war also nicht angebracht. Originell ist auch ein Spruch von diesem Tag, der da behauptet: „Wenn an Aposteilteilung der Wind von Süden weht, gibt es eine große Teuerung, woher er aber weht – also aus den südlichen Ländern –, dort ist alles wohlfeil." Erwähnen wir zum Schluß noch den 25. Juli, den Jakobstag. Er behauptet: „Bläst Jakob weiße Wölkchen auf, wird im Winter viel Schnee und Frost daraus."

Am Laurenzi-Tag, 10. August, wird im Wallfahrtsort Sankt Hermann bei Bischofsmais, dem alten Kleinod eines Waldheiligtums, zur Kirchweih geladen.

AUGUST

Grafenaus Salzsäumerfest

Einmal im Jahr spielen die Grafenauer Geschichte, die Geschichte ihrer traditionsreichen Stadt. Was man bei der 600-Jahr-Feier im Jahre 1976 mit einem historischen Säumerzug von Schärding über Passau nach Grafenau begründete, findet nun alljährlich eine geradezu beispielhafte Wiederholung, denn das Grafenauer Salzsäumerfest, das am ersten Wochenende im August stattfindet, gilt als das wohl schönste und bunteste Fest im Mittleren Bayerischen Wald.

Verbunden damit ist am Vorabend, also stets an einem Freitag, ein Säumerlager in der Hofmark Haus und am folgenden Tag dann der Einzug der Salzsäumer in die Stadt, wo in den Vormittagsstunden am Stadtplatz ein historisches Treiben mit Markttag, Straßentheater, Ständchen des Chores der Reisigen, Fechtern und Feuerschluckern und dergleichen mehr geboten ist.

Wer nicht mit der Geschichte Süddeutschlands vertraut ist, der leitet das Wort „Säumer", Saumpfad", oder „Saumhandel", allzugern vom Wortstamm „Saum" ab, der für Rand oder auch Besatz steht. Doch wenn man die Dinge genauer studiert, erfährt man, daß es sich dabei um das bereits seit Jahrhunderten veraltete Wort „Saum" für „Last" handeln muß. Speziell gemeint ist mit dem „Saum" eine Pferdetraglast, und davon leitet sich auch das Wort „säumen" ab als veralteter Begriff für „Saumtier führen" und „auf Saumtieren befördern". Der mittelalterliche „Säumer" war also schlechthin ein „Saumtiertreiber" und damit zu seiner Zeit der wichtigste Spediteur zur Beförderung von Salz, Getreide und manchen anderen Waren zwischen Bayern und Böhmen.

Und eben in Erinnerung an die einstigen Salzspediteure ziehen am ersten August-Samstag drei Dutzend bärtige Säumergesellen, Überreiter und der Salzhandelsherr mit Pferd und Wagen, von Harschetsreuth über Harretsreuth und Schlageröd nach Grafenau, wo sie vom „Inneren Rat" der Stadt, der ebenfalls in historische Gewänder gekleidet ist, empfangen werden.

Wenn der Himmel Tränen weint

„Nach Laurenzi wächst das Holz nicht mehr", heißt eine alte Bauernregel. Sankt Laurentius, sein Namenstag wird am 10. August gefeiert, ist der Bevölkerung auch als jener Heiliger bekannt, der Brandwunden heilen soll.

Um den Laurentiustag herum sieht man ja bekanntlich in den sternklaren Nächten viele Sternschnuppen vom Himmel fallen, die der Volksmund „Laurentiustränen" nennt. Diese zu nutzen verfiel man auf die Idee, sich beim Anblick einer aus dem All zur Erde fallenden Sternschnuppe einen erfüllbaren Wunsch auszusprechen. Und das fällt gerade den Liebenden wie aber auch den von Sorgen geplagten Menschen nicht schwer.

Im Wallfahrtsort Sankt Hermann bei Bischofsmais wird an diesem Festtag zur Kirchweih geladen, was mit einer Wallfahrt nicht nur der Trachtenvereine verbunden ist. Zwischen 7 und 10 Uhr vormittags werden dazu in der Wallfahrtskirche hl. Messen zelebriert, damit alle Wallfahrer sich des Segens der Priester versichern können.

Das zweitgrößte Fest in Bayern: das Straubinger Gäubodenvolksfest

Leben und leben lassen, diese altbayerische Philosophie wird beim Gäubodenvolksfest, im Herzen von Niederbayern, alljährlich verwirklicht. Über eine Million Besucher finden dabei jene urwüchsige Lebensfreude, die andernorts längst von der Moderne verdrängt wurde. Das Gäubodenvolksfest ist das zweitgrößte bayerische Volksfest, hat aber seinen besonderen Charakter als traditionelles Heimatfest mit der unverwechselbaren Atmosphäre bewahrt. Das Gäubodenvolksfest geht auf ein Dekret von König Maximilian I. Joseph zurück, der im Jahre 1812 allergnädigst ein „landwirtschaftliches Fest im Unterdonaukreis" anordnete. Obwohl sonst gern eigenwillig und nicht immer der Obrigkeit zugetan, halten sich die Straubinger seither sehr gern an diesen Erlaß des Königs. Die Besucher des Gäubodenvolksfestes finden alljährlich in sechs Bierzelten und einem Weinzelt mit insgesamt über 22 000 Sitzplätzen eine bayernweit einmalige sommerliche Attraktion der Spitzenklasse, die Genüsse für alle Sinne bietet.

In dem über 90 000 Quadratmeter großen Vergnügungspark mit 110 Fahr- und Belustigungsgeschäften schlägt die Gaudi Purzelbaum: Gemächliche und hochmoderne Fahrgeschäfte bieten beschauliches Schaukeln oder rasanten Nervenkitzel.

In der Region Straubing bildet das Gäubodenfest sogar einen Fixpunkt im Jahresablauf der niederbayerischen Menschen. Der Heimatdichter Max Peinkofer schrieb einmal: „Was 's Volksfest z' Straubing is? A Trumm vom Paradies!"

Wogende Getreidefelder prägen im Sommer Wald und Gäu, lassen Freude aufkommen zum Festefeiern, die ja in Bayern seit alters so gefeiert werden, wie sie fallen.

Damit's ja keiner überhört, schießen Böllerschützen alljährlich Bayerns zweitgrößtes Volksfest mit einem Salut an: das Straubinger Gäubodenfest.

Am ersten Samstag im August spielt die Säumerstadt Grafenau ein Stück ihrer mittelalterlichen Geschichte: die des Salzhandels zwischen Bayern und Böhmen, der der unter Kaiser Karl IV. zur Stadt erhobenen Gründung eine erste wirtschaftliche Blüte schenkte.

*Mit ein Höhepunkt des Grafenauer Salzsäumerfestes: Beim Einzug der Salzsäumer in die über 600jährige Stadt muß der Salzherr das „weiße Gold"
vom Bürgermeister und Rat der Stadt testen lassen.*

Mariä Himmelfahrt – der „Kräuterfrauentag"

Am 1. November 1950 verkündete Papst Pius XII. ein Dogma, das die altüberlieferte Meinung, Maria sei als einziger Mensch außer Christus mit Leib und Seele in den Himmel aufgenommen worden, zum Glaubenssatz machte. Das bedeutet zugleich eine klare theologische Aufwertung des Festes Mariä Himmelfahrt. Über dessen Ursprung fehlen verbürgte Nachrichten, doch ist es in der Ostkirche nach dem Konzil von Ephesus (431), im Westen seit dem Ende des 7. Jahrhunderts nachweisbar. Die Katholiken begehen das älteste und bedeutendste Marienhochfest am 15. August, der Legende nach Mariens Todestag.

Der Tag Mariä Himmelfahrt ist landläufig als großer Frauentag oder auch als Kräutlfrauentag bekannt und allemal in Bayern ein staatlich geschützter Feiertag. Eingeführt wurde dieser Festtag bereits im Jahre 813 als „Hoher Frauentag". Seit alters her wird an diesem Tag zur Kirche gegangen, denn es sollen ja dabei die Kräuter- und Gewürzbüschel wie die Wetterkränze geweiht werden. Diese Heilpflanzen sollen ja dann das ganze Jahr über vor Krankheiten in Haus, Hof und Stall schützen.

Dabei ist es ganz gleich, ob sieben, neun, siebzehn, dreiunddreißig oder gar siebenundsiebzig Kräuter zu einem Büschel gebunden werden. Die Pharmazie kennt und nutzt heutzutage an die 16 000 Heilpflanzen. Die Kräuterernte, von kundigen Kräuterweiblein besorgt, begann einst um die Augustmitte herum, also ist der Feiertag richtig terminiert. In die Mitte des Büschels gehören die Kö-

nigskerze oder Himmelbrand, Rainfarn und Johanniskraut als Marien- und Christussymbole. Dazu gegeben werden auch starke Heilkräuter, wie Baldrian, Holunder, Kamille, Schafgarbe, Dost, Ringelblume und Melisse. Nicht zu vergessen sind die Getreidearten Hafer, Roggen, Gerste und Weizen. Von jeder Getreideart werden nur wenige Halme verwendet. (Die Körner fallen nicht aus, wenn die Halme vor der Vollreife gepflückt werden, also spätestens Anfang August.)

Zu den Kräutern und Getreidearten gehören auch Gewürzkräuter wie Salbei, Liebstöckel, Minze, Thymian, Basilikum, Rosmarin und Bibernelle. Zur Verzierung kann man verwenden Glockenblume, Akelei, Heckenrosen, Kornblumen und Malven. Auch ein Haselnußzweig mit drei Nüssen sollte nicht fehlen. Knoblauch- und Zwiebelblüten werden in manchen Gegenden ebenfalls miteingebunden.

Die Wichtigkeit dieses Marienfeiertages unterstreicht auch die Tatsache, daß allein im Bistum Passau 56 Pfarr- und Nebenkirchen der Auffahrt Mariens in den Himmel geweiht sind. Eine von ihnen ist keine geringere als die Gnadenkapelle von Altötting. Mariens Kräuterweihetag war einst auch das Hauptfest der Apotheker, Drogisten und Blumenhändler.

Ausgegeben wurden beim Kirchbesuch in früheren Jahren überaus hintersinnige Andachtsbildchen als „Billett für Reisende, „die nach dem Himmel fahren". Diese Bildchen als Einlagen in Gebetbüchern tauchten unmittelbar nach der Eröffnung der ersten Eisenbahnen auf und sicherten jenen einen direkten Zug zum Himmel der I. wie II. Klasse, die sich der „Furcht Gottes, Frömmigkeit und der hl. Sakramente" versichern konnten.

„Wie der Barthlmätag sich hält, so ist der ganze Herbst bestellt"

Die Ernte ist am 24. August, am Tag des hl. Bartholomäus, so ziemlich unter Dach und Fach. Zeit wiederum, mehr ans Wallfahrten zu denken, da ja damit im Sommer so ziemlich pausiert wurde. Die bekannteste Wallfahrt führt an diesem Tag zu einem der größten Waldheiligtümern, zur Kapelle des hl. Hermann bei Bischofsmais, was mit einem Jahrmarkt und natürlich einem ausgiebigen Zechen und Essen verbunden ist. Im Volksmund ist dieses Fest als „Hirmonskirwa" (Hermannkirchweih) bekannt.

Der hl. Hermann war als Laienbruder des Benediktinerklosters Niederaltaich zum Beginn des 14. Jahrhunderts in diese einstige Wildnis gezogen, um hier als Einsiedler zu leben. An ihn erinnert eine volkstümlich geschnitzte Holzfigur, die jungen Mädchen als Orakelfigur diente. Diese hölzerne heilige Figur wurde von ihnen dreimal in die Höhe gehoben, was mit den Worten „den Hirmonhopsen" umschrieben wurde. Und nachdem die Holzfigur einen beweglichen Kopf hat, kam es darauf an, daß der „Hirmon" dabei nickte, was bedeutete, daß die an ihn Glaubende in allernächster Zeit mit einer Heirat rechnen konnte.

An Bartholomä ist der Sommer so ziemlich vorbei. Der Schriftsteller Peter Rosegger hat diesen Tag geradezu elegisch betrachtet, wenn er schreibt: „Ist ein guter Mann, der heilige Bartholomä. Die unausstehlich langen Tage zwickt er ein wenig ab und legt das abgezwickte Stück der Nacht zu. Das taugt den Leuten, die sich ihre harten Arbeitsstunden von der Sonne müs-

Am Namenstag des hl. Bartholomäus ist alljährlich eine große Wallfahrt zum kleinen Waldheiligtum bei Bischofsmais angesagt, wenn zum „Hirmonskirwa" bei der Kapelle zum hl. Hermann gepilgert wird.

sen vorschreiben lassen und nicht von der Uhr. Zu Bartholomä sind die Flitterwochen der Sonne mit der Erde zur Neige, ihre glühende Liebe hat ausgebrannt, das Verhältnis wird ein kühleres. Die Hundstag sind vorüber; die gefährlichen Märzennebel, die ‚nach hundert Tagen gewitterschwer losbrechen' längst verpufft; die Donnerkeile zum größten Teile verschleudert für ein ganzes Jahr. Die Luft weht aus den Alpen; die Blätter der Eschen und Ahorne und Buchen werden falb, und die halblahmen Hummeln machen sich an die verspäteten Herbstblumen und Nesselgesträuche in alten hohlen Bäumen. Die Schwalben versammeln sich auf dem Kirchturmdache und kreisen mitsammen noch mehrmals laut zwitschernd über dem Dorfe, und plötzlich sind sie nicht mehr da, und die Katze erklimmt umsonst das Dachgesimse und schielt verdrießlich in das leere Nest. In der Gegend wird es still; die Sonne zieht träge, es wächst nichts auf, es fällt nichts ab. Es ist, als habe der liebe Gott vergessen, die Welt aufzuziehen, da sie will stehenbleiben. – Ja, die Zeit spann Herbstfäden und ist beim Rocken eingeschlafen, hat einmal einer gesagt. Es wird aber doch anders. Es naht die kalte, trübe, winterliche Zeit. Selbst das höchstgelegene Haferfeld, gestern noch grünlich und von keinem Schnitter beachtet, hat sich über Nacht gebleicht und wartet nun der Sichel und sehnt sich nach der schützenden Scheune. Aber das Kornfeld bleibt am ersten Herbsttag vereinsamt. ‚Sichel zu Bartholomä tut dem Mehlsack weh', sagt der Bauer und nimmt sich wieder einen doppelten Zug aus der Pfeife und läßt das Korn auf dem Felde, wie es Gott erschaffen hat, und hält Feiertag mit seinem Gesinde."

Der Further Drachenstich ist bereits in einem Protokoll aus dem Jahre 1590 erwähnt und hat seinen Ursprung in den Fronleichnamsprozessionen.

Der Drachenstich zu Furth i. Wald

Der Further Drachenstich entwickelte sich vom geistlichen Schauspiel der Legende um den hl. Georg aus der Fronleichnamsprozession. Die Prozession wird als „Umbgang" bereits in einem Protokoll von 1590 erwähnt. Dem entspricht zeitlich etwa der Hinweis aus dem Jahr 1754, daß „das Drachenstechen bay hiesiger Statt yber die 200 Jahr ohne Unterbrechung observiert wird".

Weiteren Aufschluß zur Geschichte von Deutschlands ältestem Volksschauspiel vermittelt ein Blick in die örtliche Kirchengeschichte: 1461 stifteten die Further ein Benefizium – eine dauernde Pfarrstelle für einen Kaplan, der von der Mutterkirche Arnschwang auf

Dauer für Furth abgestellt wurde. Nach 1585 wurde die Stadt zur Pfarrei erhoben. Damals war es bei der Fronleichnamsprozession üblich, den in den alten Aufzeichnungen immer wieder erwähnten „Umbgang" mit lebendigen Bildern aus der Heilsgeschichte auszugestalten, mit den Inhalten von Heiligenviten zu prangen – daher in Bayern der so geläufige Name „Prangertag".

Der hl. Georg genoß im Abendland große Verehrung, ihm wurde eine Vielzahl von Darstellungen zuteil. Spärlich jedoch steht dem Kult die Überlieferung gegenüber. Aus dieser schälen sich letztlich zur Vita des Heiligen zwei Fassungen heraus.

Es existiert ein Lied von Georg – ein einzigartig althochdeutsches Sprachdenkmal – überliefert in einer Handschrift, die das Evangelienbuch des Otfried von Weißenburg aus der Wende des 10. zum 11. Jahrhundert enthält. Zehn Strophen sind erhalten, die in knapper hymnischer Form von Martern und Wundertaten berichten; nicht als ritterlicher Drachenkämpfer, sondern als Bekenner, Wundertäter, Märtyrer und Opfer der diokletianischen Christenverfolgungen.

Die Legende hat zwei Wurzeln

Die Kreuzzüge erst bringen ins Abendland den ritterlichen Drachenkämpfer aus byzantinischer Legende. Bildlich erstmals im 11. Jahrhundert, der schriftliche Nachweis wird im 12. Jahrhundert geliefert. Die bedeutendste Quelle, die für die abendländische Kunst weitreichende Bedeutung erlangte, stellt die zwischen 1245 und 1273 von Jakobus de Voragine, auch Jakob de Voraccio (bei Genua), verfaßte Legende Aures dar. In ihr wird der Drachenkampf eingehend geschildert.

Zwei Wurzeln also hat die Legende um den beliebten Heiligen. Fortan lebte in den St.-Georgs-Darstellungen auch das Motiv der Befreiung vom Drachen.

Der im ausgehenden Mittelalter als Inbegriff christlicher Rittertugenden, als „miles Christianus" angesehene Georg, wurde zum bevorzugten Heiligen der Ritterschaft. Gerade deshalb standen Burg- und Schloßkapelle gerne unter seinem Patrozinium. Auch wurde er Patron verschiedener Kreuzfahrerorden wie auch des adeligen Ritterordens.

Grundlage für den Further Drachenstich war ja bis zum ausgehenden 19. Jahrhundert die Fronleichnamsprozession. Bei ihr führten die Further den Drachen mit und der geharnischte Ritter hoch zu Roß erhielt „so er den Lindtwurmb am Umbgang gestochen für seine und der gebrauchten Jungfrau bemiehung zur Zöhrung 2 Gulden".

Interessant ist, daß in sämtlichen städtischen Aufzeichnungen nie vom heiligen Georg, sondern nur vom Ritter gesprochen wird. Das mag mit dem Umstand zusammenhängen, daß die Stadt kein St.-Georgs-Patrozinium kennt.

Eine Zäsur für den Further Drachenstich brachte die Epoche der Aufklärung, er sollte sogar abgeschafft werden. Dagegen führten die Further über Jahrzehnte hinweg einen zähen, zunächst aussichtslos erscheinenden Kampf. Verschiedene alte Schreiben ab dem Jahr 1754 belegen das Hin und Her zwischen den Stadtverantwortlichen und den Regierenden in der Zeit des Absolutismus. Da aber die Andacht der Prozessionsteilnehmer ständig unter dem Schauspiel litt, erteilte das bischöfliche Konsistorium in Regensburg an den Further Pfarrer am 6. März 1754 den Befehl: „. . . daß bemeltes Drachenstecken auf keinerlei Weise mehr gestattet, sondern si opus fuerit brachio saeculari, abstellig machen soll. . ." (der Pfarrer möge doch den weltlichen Arm anrufen, wenn das Spiel trotzdem aufgeführt werden sollte).

Immer wieder begründeten die Further ihr Festhalten am Drachenstich mit dem einleuchtenden Hinweis: „Das hiesige Städtlein an der höchstbedauerlichen Böhmischen Gränitz liege und . . . von allem Gewerb befreyet stehe, inmassen der Ort keinen Zugang, so folglich auch andererseits an Bier, Brod, Fleisch keinen Ausgang hat, außer an dem Tag, da viele hundert Menschen zum Drachenstechen in die Stadt kommen . . ."

Die Regierungsbeamten in Straubing und München gaben aber nicht nach und so wurden die jeweiligen Verboten trotz ausgesprochener empfindlicher Geldstrafen immer wieder mißachtet. Das Verbot vom Jahr 1788 mit einer Strafe in Höhe von 50 Talern war den Furthern dann doch zu viel. So wurde künftig das Drachenstechen aus dem Fronleichnamsgeschehen herausgenommen.

Von der Kirche verboten

Wann genau der Drachenstich wieder aufgenommen wurde, ist unbekannt. Es dürfte aber in den dreißiger Jahren des 19. Jahrhunderts gewesen sein. Einer exakten Beschreibung des Drachenstichgeschehens von 1840 ist zu entnehmen, daß die Akteure des Spiels in ihren Kostümen dem Hochamt der Kirche beiwohnten. Dies führt zu erheblichen Spannungen zwischen Bürgerschaft und Klerus. Ihre Höhepunkte erreichte diese 1878, als der damalige Stadtpfarrer Johann Georg Hierstetter während der Prozession mit dem Allerheiligsten in die Kirche zurückkehrte, da die Ritterschaft trotz ausdrücklichen Verbots an der Prozession teilgenommen hatte. Die Folge war ein gewaltiger Aufruhr mit erheblichen Feindseligkeiten gegen den Pfarrer und seine Kooperatoren. Durch das endgültige Verbot wurde das alte kirchliche Spiel profanisiert.

1887 wurde der Termin für die Drachenstichaufführung auf den zweiten Sonntag im August verlegt. 1890 übernahm erstmals ein Theaterverein die Durchführung des Spiels und 1896 bildete sich ein erster Festausschuß – ein Komitee, das die Verantwortung für den Ablauf übernahm. Verschiedene Spielfassungen erschienen im Laufe der Zeit und brachten damit auch Abwechslung für die Zuschauer.

Der aus der Barockzeit stammende Urtext – ein Zwiegespräch zwischen

Alljährlich zur Further Festspielzeit tötet der totgeglaubte Ritter Udo den Drachen beim ältesten Volksschauspiel in ganz Deutschland.

Ritter und Rittern in Versform – lehnte sich inhaltlich noch stark an die alte Georgslegende an. In unserem Jahrhundert entstanden weitere Fassungen. Sie stammen von Dr. Heinrich Schmidt aus Bayreuth. Dr. Heinz Schauwecker und Eugen Hubrich. Bis 1951 wurde hauptsächlich die Schmidt-Version aufgeführt.

Ein weltliches Spiel

Der Drachenstich heute ist in seiner Handlung ein rein weltliches Spiel, das sich im Höhepunkt wieder ganz der alten Georgslegende angleicht. Die 1952 von dem Schriftsteller Josef Martin Bauer geschaffene und noch heute aufgeführte Fassung hat als geschichtlichen Hintergrund die für den Further Raum verhängnisvollen Hussitenkriege. Es herrschte Not und Elend, und der „Drache steigt aus den Wäldern empor". Er würde sich zufriedengeben, wenn ein reiner Mensch sich freiwillig opfert. Die Further Burgherrin ist dazu bereit. Rechtzeitig aber kehrt der totgeglaubte Udo von der großen Schlacht heim. Er wird zum Ritter geschlagen und tötet den Drachen, das Symbol für Unheil, Haß und Verderben, weiß Werner Perlinger zum Further Drachenstich zu erzählen.

Auf dem „König" der Bayerwaldberge: die Arberkirchweih

Der bayerische Waldgau- und der Bayerwaldverein laden alljährlich alle Trachtler, Heimat- und Bergfreunde ein, um dem heiligen Bartholomäus, sein Namenstag wird am 24. August gefeiert, die Ehre zu erweisen.

Die Arberkirchweih hat eine lange Geschichte. Am Bartholomäustag 1906 wurde auf dem damals noch recht unwirtlichen Berg die erste Arberkapelle durch den Abt von Metten eingeweiht. Das Fräulein Elisabeth von Hafenbrädl, Besitzerin der Glashütte in Deffernik, hatte sie gestiftet und mit einem Muttergottesbild in Hinterglasmalerei und einer Figur des heiligen Bartholomäus, den sich auch die Glasmacher als ihren Patron ausgesucht hatten, ausgestattet.

Es waren die Pfarrangehörigen aus Eisenstein, die dann 1807 als erste zum Arberkircherl an „Barthlmä" gewallfahrtet sind.

Diese Wallfahrt hat sich ausgeweitet. Es kamen Bergpilger aus dem Zwieseler und dem Lamer Winkel, aus dem Zellertal und den traditionsreichen Glashüttenorten des Böhmerwaldes. Heute kommen die Pilger ebenfalls aus ganz Niederbayern und der benachbarten Tschechei hierher, um bei einem Wallfahrtsgottesdienst auf dem höchsten Berg des Bayerischen Waldes zu beten, zu singen und zu musizieren. Da zur Wallfahrt auch eine zünftige Einkehr gehörte, gab es bald auch ein weltliches Fest auf dem höchsten Bayerwaldberg, es wurde getanzt, gesungen und die Musikanten spielten auf. Seitdem lebt die Arberkirchweih, jetzt als Heimatfest der Wald- und Bergfreunde, unter der Regie des Waldgaues und des Waldvereins bis auf den heutigen Tag fort.

Ist die Getreideernte zu Ende, rüstet man sich in Waldkirchen zu einem öffentlichen „Dreschen" auf dem Marktplatz, wobei Maschinen in Einsatz kommen, die im Waldland bis zum Einzug des Mähdreschers zu Beginn der sechziger Jahre allen Bauern gute Dienste taten.

SEPTEMBER

„Jetzt kimmt da Hirgst", sagen die Alten, wenn der 1. September auf dem Kalenderblatt steht. Altdeutsch heißt dieser Monat „Scheiding", da er ja den Sommer scheidet. „Durch Scheidings heitern Blick schaut manchmal der Lenz zurück", da ja der Herbst mit seinem Altweibersommer ebenso sonnige Tage bescheren kann wie der Frühling. Zudem ist die Luft vom Heuduft und den Herbstblütlern gewürzt. Die Tage wie Nächte sind klarer als im Sommer.

Kornsäen am Egiditag

Am 1. September feiert die bäuerliche Welt den Namenstag des hl. Ägidius (oder auch Egidius), ein wichtiges Datum, das Winterkorn zu säen. Denn: „Ägidi sä's Korn, wart' nimma bis morg'n!" Und die Waldler sagten sich: „Wann's am Egiditag rengt, nimmt da Waldler an Ochs'n beim Horn und baut Korn; is aber schö, laßt a'n no acht Tag steh'."

Das Karpfhamer Fest – das drittgrößte Volksfest in Bayern

Neben dem Münchner Oktoberfest und dem Straubinger Gäubodenfest gilt das Karpfhamer Fest in Karpfham im Rottal als das größte Volksfest im weiß-blauen Freistaat. Tausende von Besuchern finden sich dazu alljährlich Ende August bzw. dann anfangs September auf der Festwiese ein, wo sich neben den Festwirten der großen, Tausende von Gästen fassenden Bier-Tempel an die 50 Schausteller ein Stelldichein geben.

Verbunden damit ist die Rottalschau auf einer Ausstellungsfläche von 19 000 Quadratmetern, wo 240 Aussteller ihre neuesten Produkte zur Schau stellen. Sebastian Winbeck, der Vorsitzende des Festvereins, schrieb zur Eröffnung des Festes 1994 darüber: „Seit etwa 150 Jahren wird das Volksfest, wie man es heute kennt, auf der Wiese vor Karpfham veranstaltet. Doch die Geschichte des Festplatzes läßt sich weiter zurückverfolgen. Sie begann, als im Jahre 1162 Heinrich der Löwe einen Volksgerichtstag abhielt.

Heutzutage sorgen sich gleich fünf Bierzelte und ein Weinzelt um die Verköstigung der Gäste des jeweils von Freitag bis Dienstag dauernden Festes, deren größte Attraktionen der Tag der Pferdezucht mit Zuchtpferdeschau, dem berühmten Rottaler Zehnerzug und einem Reitturnier sind. Und natürlich nutzen ranghohe Politiker die Ansammlung der Volksmassen, um mit ihnen bei Großkundgebungen ins Gespräch zu kommen".

Zeit der Erntedankfeste

Die Zeit der Erntedankfeste läuten der „Kleine Frauentag" am 8. September („Mariä Geburt") ein. („An Mariä Geburt fliagn d' Schwalbn furt.") Eine besonders lange Geschichte hat das Erntedankfest von Kößlarn. Bereits 1914 heißt es dazu:

„Besonders feierlich ging u. a. in Kößlarn (wo das Erntedankfest seit mehr als hundert Jahren am 8. September abgehalten wird) zu.

Hier gehen bei der nach dem Hauptgottesdienst stattfindenden Prozession unterschiedlich kostümierte Kinder mit, welche Land- und Forstwirtschaft sowie die hiesigen noch einschlägigen Gewerbe darstellen. Auch wird stets die von Herzog Georg dem Reichen gestiftete, aus reinem Silber getriebene Muttergottesstatue dabei mitgeführt. Nach beendigter Feier werden die von den Kindern getragenen Kostüme und Gegenstände zur Besichtigung im Rathaussaal ausgestellt. Bei der Prozession des Erntedankfestes in Neukirchen bei Pfarrkirchen geht ein Knabe als Isidor, ein Mädchen als Notburga mit; weitere Kinder führen ein Lamm und tragen eine Gans, einen Laib Brot, Blumen- und Getreidebüschel mit", hat M. Waltinger vor dem Ersten Weltkrieg dieses traditionsreiche Erntedankfest aufgezeichnet.

Herbstbeginn

Nach dem Kalender beginnt der Herbst offiziell am 22. September. Am meteorologischen Herbstanfang sind die Tage und Nächte gleich lang. Von da an geht es mit dem lichten Tag abwärts bis zum Winterbeginn. Scheidung nannten unsere Altvorderen den September, in den der Übergang vom Sommer in den Herbst fällt. Um 105 Minuten verkürzt sich im September der Tag. Am Monatsende ist er nur noch 11 Stunden und 45 Minuten lang. Die Sonnenhöhe verringert sich im Herbstmonat September um elf Grad.

Der langjährige Bezirksheimatpfleger von Niederbayern, Hans Bleibrunner, schreibt in seinem Buch Niederbayerische Heimat, von den zu Michaeli üblichen „Ziel- und Einstehtagen": „In einigen Gegenden Niederbayerns war es Sitte, daß die Dirn an diesem Abend, wenn der Rauch aus dem Kamin stieg, ein ‚Reiserbund' (Reisigbündel) in die Stube brachte und dafür Schmalznudeln entgegennahm. Nach altem Herkommen findet an manchen Orten um diese Zeit ein ‚Michaelimarkt' statt. Die drei Samstage nach Michaeli waren als

Die größte Attraktion, neben den fünf „Bier-Tempeln" versteht sich, ist beim Karpfhamer Fest der traditionelle Zehnerzug, der das Aushängeschild für das „Land der Pferde" , nämlich das Rottal, darstellt.

die ‚goldenen Samstage' früher besondere Bet- und Wallfahrtstage. Zumal die bekannten Wallfahrtsstätten erfreuten sich an diesen Tagen eines großen Zustroms an Wallfahrern."

Als einst noch Kartoffelfeuer brannten

Ludwig Schober, ehemals geschäftsleitender Beamter der Gemeinde St. Oswald im Bayerischen Wald, erinnert sich an die Zeit um Micheli in den dreißiger Jahren:

„Den Monat September mochten wir Schulbuben damals recht gern. Das Heu, Korn und der Hafer waren daheim und man konnte die Drachen überall aufsteigen lassen und über die Wiesen rennen. Das Kraut auf den Feldern mußte sich noch besser ‚häupeln', doch als größere Erntearbeit stand noch das ‚Erdäpfelgraben' an.

‚Heuer sind viele drinn', sagte die Mutter, wenn sie in den letzten Augusttagen, vor dem Winterkornanbauen mit der Feldhaue die ersten Kartoffelzeilen ausgrub. ‚Und schön mehlig sind sie auch', meinte sie. Denn das Abendessen in der Waldlerfamilie bestand damals noch aus der ‚sauern Suppe' und gesalzenen Kartoffeln. Ich hätte mir damals nicht träumen lassen, daß sie eines Tages als ‚Delikatesse' gilt, ähnlich wie ein ‚Maierl saure Milch' mit gutem Rahm auf der Oberseite, da kann einem der Joghurt oder andere moderne Milchspeisenangebote gestohlen bleiben', sagen Leute, die die früheren Zeiten noch miterleben durften. Nun aber zu den Erdäpfeln! Der Vater hatte längst im kleinen Keller die Saatkartoffeln abgeteilt. In der Fruchtfolge wählte er immer den Acker, auf dem das Winterkorn stand. Er war im Herbst noch umgeackert worden und es fing – in den Apriltagen – nach der Schneeschmelze damit an, daß der ganze Stallmist des Winters auf das neue Kartoffelfeld gefahren wurde.

Bis zur Kartoffelernte war es dann eine lange Zeit, in der die Kartoffeln ‚angeackert' und dann später immer wieder von Unkraut befreit werden mußten. Im Herbst aber war dann gerade für die Dorfbuben der Spaß groß, wenn sie die verdorrten Kartoffelreben zu Haufen sammelten, um dann große Kartoffelfeuer zu entzünden, in denen dann die frischgeernteten Kartoffeln gebraten und an Ort und Stelle verzehrt wurden. Wer einmal davon gegessen hat, wird diese Erinnerung keinesfalls wie eine ‚heiße Kartoffel' fallen lassen, sondern sich stets an diesen Leckerbissen aus der Jugendzeit zu erinnern vermögen."

Ein „Lichtbratl" zu Sankt Michael

Sein Namenstag wird am 29. September für alle gefeiert, die Micherl, Michi und Michaela gerufen werden. Er ist jener der Erzengel, die selbst dem Luzifer das Fürchten beigebracht hat beim Höllensturz. Doch all dies half nichts, als sein Ehrentag anno 1800 aufgrund der Feiertagsflut aus dem Festtagskalender gestrichen wurde und fortan nur als halber Feiertag galt. Das hieß fürs Volk: Nur vormittags zur Kirche und ins Wirtshaus, nachmittags aber wieder ab zur Arbeit in Hof und Feld. „Auf Michaeli ist Kirchweih im Himmel wie auf Erden" hieß es einst, als die Kirchenpatrozinien noch entsprechend festlich begangen wurden. Und in Bayern gibt es ja Dutzende von Kirchen, die ihm geweiht sind.

Der Überlieferung nach wird Sankt Michael auch als Begleiter der verstorbenen Seelen vor Gottes Gericht mit der Seelenwaage in der Hand abgebildet. So opferte man am Michelitag den Verstorbenen Seelenbrote.

An Micheli, wenn der Tag schon merklich abgenommen hat und die langen Abende schön langsam beginnen, holten die Mägde ihre Spinnräder vom Dachboden, um mit der Winterarbeit zu beginnen. „Micheli kent's (zünd das) Liacht o, daß 's Dirndl spinna ko" hieß es dann. Mit anderen Worten: die winterliche Lichtarbeit begann. Die Bäuerin eiferte ihre Dienstboten mit einem festlichen „Lichtbradl" an; es gab also Gebratenes zu essen.

Abschied von den Schachten Viehabtrieb im Bayerischen Wald

Der 30. September war im Bayerischen Wald jenes Datum, das den Abschied der Waldhirten von den Schachten, die man im bayerischen Oberland Almen nennt, bedeutet. Die „Altbairische Heimatpost" schreibt darüber: „Während das Weideland auf den oberbayerischen Almen auch jetzt noch weitgehend genutzt wird, ist die Weidewirtschaft auf den Schachten des Waldgebirges schon vor Jahrzehnten zum Erliegen gekommen. Nur noch im Arbergebiet halten zwei Waldhirten der Weidegenossenschaft Bodenmais die Tradition der Waldweidenutzung aufrecht. Am Buchhüttenschachten weiden jedoch, entgegen der alten Gepflogenheiten, statt Jungstieren nun Kalbinnen, die hier den Sommer hindurch grasen. Dafür teilen sich den Großen und den Kleinen Arberschachten, den Hüttenschachten und den Hochzellschachten wie einst Stierherden, einjährige Stiere, die man Jährlinge nennt, sowie auch zweijährige Tiere.

Der 30. September war im Bayerischen Wald jenes Datum, das den Abschied der Waldhirten von ihren Hochweiden, den Schachten (unser Bild), bedeutete.

Mit dem Herbstbeginn ist nun die Waldhirtenzeit am Arber wieder zu Ende. Die Waldbauern bereiten sich mit ihren Hirten auf den Abtrieb ins Tal vor. Dieser Viehabtrieb hat seinen festen Termin, nämlich immer der dem Michaelitag am nächstgelegenen Sonntag. Er vollzieht sich meist sehr festlich und mit großem Gepränge, vorausgesetzt, daß es am Schachten kein Unglück gab und daß kein Stück Vieh den Sommer über auf irgendeine Weise umgekommen ist. 1977 zum Beispiel sind bei einem Gewitter mehrere Rinder vom Blitz erschlagen worden.

Farbenprächtige Tiere

Mit Tannengrün und bunten Blumen werden die Tiere zum Abtrieb farbenprächtig geschmückt. Dazu sind wochenlange Vorbereitungen nötig.

Während früher nur die Leittiere, die der Herde vorangehen, ‚aufgekränzt' wurden, schmückt man heutzutage eine größere Anzahl von Rindern. Der Abtrieb soll ja für die vielen im Tal wartenden Zuschauer zu einem echten Brauchtumserlebnis werden. Schließlich trifft eine aus rund 50 Tieren bestehende Herde, festlich geschmückt und mit melodischem Geläut, im Tal ein.

Schon früh am Morgen wird vom Schachten weggezogen, damit die Rinder auf dem stundenlangen Weg gegen Mittag im Tal eintreffen. Dazu sind mehrere Treiber nötig, um die Herde sicher zu Tal zu bringen. Die Tiere trennen sich ja nur ungern von ihren Weideplätzen im Hochwald und deshalb bereitet der Abtrieb anfangs oft erhebliche Schwierigkeiten.

Waldhirtenromantik

Im Tal von Bodenmais kommen die Rinder zuerst auf eine abgezäunte Wiese. Dort können sie die vielen Zuschauer – Einheimische und Touristen – begutachten und natürlich auch fotografieren. In einem Bierzelt wird anschließend der Abtrieb gefeiert, der Abschied vom Schachtensommer, Waldhirtenromantik und Herdengeläut sind in den ausgedehnten Arberwäldern dann für ein Jahr wieder zu Ende."

Das Kräftemessen spielt bei vielen Festen im Jahreslauf eine große Rolle. Ganz gleich ob beim Steinheben oder dem Fingerhakeln, wie auf unserem Bild beim Jakobi-Fest in Zenting, der Spaß an der Freud' ist's halt, der das Mitmachen um jeden Preis lohnt.

OKTOBER

Erntedank und Erntetanz

Um den 6. Oktober herum wird in Altbaiern das Erntedankfest gefeiert. Und zu diesem Fest tragen heutzutage in erster Linie auch die Obst- und Gartenbauvereine bei, die den Ortspfarrer dabei unterstützen, den Erntedankaltar mit den Früchten, die der Herbst beschert, zu schmücken. Riesige Kürbis', Gurken wie die Kronen der Sonnenblumen sind hier ebenso zu bestaunen wie wahre „Kartoffel-Könige" und natürlich die große Blumenpracht, die der Altweibersommer beschert.

Wo noch eine intakte Landjugendgruppe zum Gemeinschaftsleben der Pfarrei zählt, wird man nicht vergessen, aus dafür eigens geernteten Roggen oder Weizen eine Erntekrone zu flechten, die dann nach einem feierlichen Umzug ins Gotteshaus getragen wird. Doch immer dann, wenn kirchlich gefeiert wird, darf auch das weltliche Vergnügen nicht zu kurz kommen. Und das heißt, daß es zum Erntedank auch einen Erntetanz gibt.

Die Allerweltskirchweih will gefeiert werden

Wer am Wochenende zum dritten Oktobersonntag durch die Lande fährt, dem wird auffallen, daß von allen Gotteshäusern eine Kirchenfahne weht, im Volksmund der „Zachäus" genannt. Er wird schon am Vorabend des Kirchweihfestes zum Gebetläuten auf dem Turm gehißt.

Im Gegensatz zur amtlichen weißgelben Kirchenfahne ist sie in den Farben Rot und Weiß gehalten, wobei zwei Versionen (weißes Kreuz auf rotem Grund und umgekehrt) gebräuchlich sind. Es soll sich dabei um eine Reminiszenz an jene mittelalterliche Marktfahne handeln, die zur Einhaltung des Landfriedens aufforderte.

Der Volksglaube hat eine andere Erklärung. Er bezeichnet die Fahne als „Zachäus" in Anspielung an den kleinwüchsigen Zöllner Zachäus der Heiligen Schrift (Lukas 19, 1–10), der beim Einzug Jesu in Jericho aus Gründen der besseren Sicht auf einen Feigenbaum kletterte und sich dabei seine rote Hose zerriß, so daß der weiße Hemdzipfel herausschaute.

In der Tat ist die Geschichte vom reuigen Zolleinnehmer das Evangelium des Kirchweihsonntags, und die Gedankenverbindung Zöllner/Fahne ist uralt, wie man etwa einer vor rund dreihundert Jahren gehaltenen Kirchweihpredigt entnehmen kann:

„Diser Fahnen bedeutet die große Gnade/ und führnemblich/ welche dem Hauß Zachaei heunt widerfahren ist."

„A richtiger Kirta dauert bis zum Irta (Dienstag), es ko se a schicka, bis zum Migga (Mittwoch)." Kirchweih, der „Kirta", war früher eines der wichtigsten Bauernfeste. Ein Familienfest, an dem die Verwandtschaft zusammengekommen ist, und sich drei Tage lang der Tisch vor lauter üppigen Speisen hat biegen müssen. Ausgiebig wurde gefeiert, getanzt und gegessen.

Mancherorts mußten sogar die Landesherren eingreifen, um den Umtrieben Einhalt zu gebieten. Herzog Eberhard Ludwig von Württemberg mahnte 1727 seine Landsleute, daß die „Kirch-Weyh nicht durch Gottlosigkeiten und Unbotmäßigkeiten entheiligt werden möge". An solchen Tagen sollte „allein die Kirch-Weyh-Predigt gehalten" werden. Doch die Kirbe, Kirwe, Kilbe, Kirta, Kerb oder wie auch immer man dazu sagt, wird noch heute in vielen Gegenden üppig gefeiert.

Seit dem 3. Jahrhundert werden in den christlichen Kirchen neuerrichtete Gotteshäuser feierlich geweiht und seit dem 5. Jahrhundert ist es der Brauch, dieser Weihezeremonie alljährlich in einer Erinnerungsfeier zu gedenken. Kirchweih war also ursprünglich ein geistliches Fest. Etwa seit dem 9. Jahrhundert kamen Jahrmärkte, Tanzveranstaltungen, Volksbelustigungen und zahlreiche Bräuche hinzu. Am dritten Sonntag im Oktober, dem sogenannten „Allerweltskirta", feiert die Kirche den Weihetag all jener Gotteshäuser, deren genaues Weihedatum nicht mehr feststellbar ist.

Die einstige Bedeutung der Allerweltskirchweih, die gleich drei Tage lang, den Kirchweihmontag inbegriffen, gefeiert wurde, ist längst verloren. Oft erinnern nur mehr Kirchweihkrapfen und Kirchweihgans an diesen großen Festtag. Einige der Behörden halten nachmittags ihre Pforten dicht. Einzig und allein traditionsbewußte Steinhauer machen am Kirchweihmontag noch „blau" im nächstgelegenen Gasthaus.

Wie Kirchweih vor dem Ersten Weltkrieg gefeiert wurde, das beschreibt Michael Waltinger in seinem Buch „Bauernjahr im Niederbayerischen" im Jahre 1914 so:

„Vom Kirchturm weht die weißrote Kirchenfahne. ‚Der Zachäus hängt aba!' sagt das Volk. Den Tag vorher schon fängt die Bäuerin zu backen an. Da gibt es Krapfen, gebackene (Strick-)Nadeln, Öpfipafesn, Öpfiradl, an bachan Brei, Oblatnküachln, Ziwömstangl, Zwetschgnpafesn, Semmischnittl, Zimmatschnittl usw. Die Kinder umstehen lüstern den Herd und die weichherzige Mutter teilt heute schon einiges Backwerk an sie aus. Freilich, warm soll man nichts essen, weil man gern Bauchweh kriegt. Aber es wird riskiert. Am Kirchweihtag selbst kommt zu Mittag zweierlei Fleisch auf den Tisch, vielleicht Schweins- und Gänsebraten oder Schweinernes und Kälbernes oder Rindfleisch und Schweinefleisch, hierzu Ranna (rote Rüben) und Kartoffelsalat und Kraut (oft Blaukraut) und eine aufgetürmte Schüssel Gebackenes. Das Essen wird an Kirchweih nicht ausgeteilt; jedes kann nach Belieben zulangen.

Auch für genügenden Trunk ist gesorgt. Da steht in der ‚Kuchl' ein behäbiger Panzen Bier angezapft; jedes kann heute nach Durst trinken. Nach dem Essen zahlt der Bauer den ‚Kirtaguldn' aus, jetzt meist pro Kopf – Knecht, Dirn, Stallbub, Kuchlmagd – eine Mark, bei vermöglicheren einen Taler. Am Abend ist das Essen dasselbe wie zu Mittag, auch da kann jedes essen und trinken soviel es will. Zum Schluß bekommen alle Dienstboten extra noch einen Teller voll Gebackenes, das sie in ihren Kleiderkästen oder Truhen aufbewahren. Manchmal dürfen die Kinder auf Kirchweih ihre Paten besuchen."

Den Tag darauf ist Nachkirchweih. Da gibt es auch Fleisch und Gebackenes (meist was gestern übriggeblieben ist); aber das Fleisch wird wieder, wie sonst auch, ausgeteilt, was so viel heißt als, die Fleischkost wird schon wieder in beschränkter Quantität gegeben."

Die waldlerische Dreschersupp'n

Wenn sich das bäuerliche Erntejahr seinem Ende zuneigt, Getreide und Feldfrüchte eingebracht sind, der Wind also von den „Haferhalmen waht", besinnt man sich im Bayerischen Wald des althergebrachten Brauchtums.

In Kirchberg bei Perlesreut mit seinem dem hl. Nikolaus geweihten Wallfahrtskirchlein freuen sich die Bauersleut' dann stets auf die Dreschersupp'n im Dorfwirtshaus, bei der all jene Freuden und Späße aufleben, die zu den schönsten Jugenderinnerungen zählen.

Auf den Bauernhöfen hoch über dem Tal der wildromantischen Ilz beginnt man schon in den frühen Vormittagsstunden, dieses Ereignis vorzubereiten. Die Bäuerinnen sind eifrig dabei, die ausgezogenen Krapfen in Schmalz herauszubacken, denn nach Abschluß des Dreschens hat man bekanntlich „Hunger wie die Drescher".

Schon am frühen Abend spielt der Dorfmusikant mit seiner böhmischen Harmonika auf. Und dann wird ein üppiges Mahl mit gleich mehreren Gängen aufgetragen, denn anschauen lassen wollen sich die Bauersleut' gerade an diesem Abend nicht, da ja ihr guter Ruf auf dem Spiel steht. Rollgerstensuppe gibt's mit einer kräftigen Fleischeinlage. Alle löffeln einträglich aus einer Schüssel. Und dann kommen auch schon die Schmalzkrapfen auf den Tisch. „Eßt, eßt's no, ös ist enk vogunnt", meint die Bäuerin zu den schmatzenden Erntehelfern.

Sind die Tische abgeräumt, hört man auch schon das Gemecker der „Habergeiß". Ein gar gespenstisches Tier, einem mit einem Leintuch verhüllten Geißbock ähnlich, wird von wackeren Burschen zur Tür hereingeführt. Von Generation zu Generation wurde dieser heidnisch-dämonische Brauch, mit dem man das Böse von Haus und Hof bannen will, im Waldland weitervererbt. Doch wenn die Geiß gemolken wird, wird der Spaß auf den Höhepunkt getrieben. Die widerspenstige Geiß stößt den Melker einfach von seinem Schemel.

Doch horch! Wer klopft da ans Fenster? Die „Klöpfler" sind's, die sich mit der Garbengabel ein paar zusätzliche Krapfen holen wollen. Diese Burschen aus der Nachbarschaft wollen bei einer solchen Feier nicht abseits stehen. „Kropfer heraus, Kropfer heraus, oder i stich enk a Loch ins Haus!" verleihen sie ihrer Forderung Nachdruck.

Langweilig wurde es den Altvordern, die weder Rundfunk noch Fernsehen kannten, aber selbst am längsten Herbst- und Winterabend nicht. Mit dem Scherenschleifer, einst ein einträglicher ambulanter Beruf in Stadt wie Land, wird mancher Jux getrieben, denn was ein anständiger Schleifstein ist, der muß ab und zu der „scharfen Schneid" mit einem Wasserguß nachhelfen.

Beherrscht wie eh und je wird aber auch das Spinn-Geschicklichkeitsspiel, bei dem, ist man nicht schnell genug, einem der Kochlöffel kräftig über Arme und Beine fahren kann. Nur für Männer zugelassen dagegen ist das Stockschlagen und das Ratespiel „Esel wer reit' auf dir?", bei dem mit zugehaltenen Augen zu erraten ist, wer grad den Esel mit einem mehr oder wenigen kräftigen Sprung bestiegen hat. Und mit flotten Zwiefachen, Landlern und Polkas findet dann die Dreschersupp'n ihre Fortsetzung bis tief in die Nacht hinein.

Im Oktober werden nach dem bäuerlichen Kalender auch Franz Seraph (4. Oktober), Sankt Kolomann als Viehpatron am 13. Oktober und Sankt Gallus am 16. Oktober gefeiert. Und bei letzterem Heiligen kann es schon vorkommen, daß in höheren Lagen die ersten Schneeflocken zu tänzeln beginnen, denn wie heißt es doch in einer alten Bauernregel: „Sankt Gall'n läßt Schnee fall'n." Und keinesfalls sollten nach diesem Tag noch eine Kuh auf der Weide stehen und all der in den Gärten gesammelte Samen in den Keller kommen.

NOVEMBER

Fahrt zu den Gräbern der Ahnen

Wie von den Touristenströmen des Sommers sind die Straßen in Ostbayern wie wohl selten im Jahr gerade am 1. November von frühmorgens bis spätabends von Autoschlangen verstopft. Doch wo fahren sie hin, was sind die Ziele der Menschen an diesem oft schon naßkalten Tag, an dem es in den höheren Lagen bereits zu schneien beginnen kann?! Es sind die Friedhöfe in den Heimatdörfern, die auch Familien aufsuchen, die weit weg von ihrer angestammten Heimat wohnen. An Allerheiligen werden die Gräber der Eltern wie Kinder, Anverwandten, der Freunde wie Altvordern aufgesucht.

Genauso wie ihre Heimat selbst schätzen die Altbayern das Andenken ihrer Toten. Da muß es nicht verwundern, daß gerade zu diesem Totengedenktag altes Brauchtum fortlebt. Wenn man es heute zwar größtenteils damit bewenden läßt, daß zum nachmittäglichen Allerheiligengottesdienst zur Kirche gegangen wird, um sich ausschließlich am Gräbergang zu beteiligen, so freut sich das eine oder andere Patenkind immer noch auf den Seelenwecken, den die Bäcker tags zuvor anbieten.

„Seelenwecken" für die Patenkinder

Für eine „Richt", die gut 13 einpfündige Seelenwecken ergibt, werden benötigt: Vier Kilogramm Mehl, 500 Gramm Fett, 20 Eier, ein Pfund Hefe, knapp zwei Liter Milch, 60 Gramm Salz und 140 Gramm Zucker. Der gut durchgeknetete Teig wird zu Zöpfen geflochten und in den Backofen geschoben, anschließend mit heißem Butterfett überpinselt und dann vielleicht noch mit Puderzucker bestreut.

Die Tradition des Verschenkens dieses speziellen Gebäcks war einst groß. Der Heimatkundler Michael Waltinger schrieb darüber: „Ein besonders im Unteren Bayerischen Wald üblicher Brauch ist das Holen von Seelenwecken am Tag vor Allerseelen bzw. Allerheiligen, das manchem Bauern 800 bis 1000 Seelenweckel kostet und jedes Jahr für einen Tag die Schule entvölkert. Soviel Köpfe erscheinen, soviel Weckerl werden gegeben.

Der Tag ist immer ein Erntetag für die Armen, welche ganze Körbe, Kirben und Säcke voll Seelenweckerl zusammenbringen, so daß sie nicht selten einen Teil davon in irgendeinem Hause einstellen müssen, um ihn des anderen Tags mit einem Karren zu holen. Der Bauer gibt seine Weckerl gerne; er erhofft sich dafür reichen Segen auf seinen Feldern."

Die Verehrung der Verstorbenen und damit armen Seelen ist aber nicht nur im Bayerischen Wald bekannt. Johann Pollinger verfaßte um das Jahr 1908 in seinen Heimatforschungen für Niederbayern folgenden Bericht:

„Es ist rührend zu sehen, mit welcher Liebe die Bevölkerung an den armen Seelen hängt. Für sie betet man bei den Tageszeiten, bei dem Erwachen und Schlafengehen; für sie läßt man heilige Messen lesen und gibt Almosen; für sie werden am Allerseelentag die Gräber geziert; ihretwegen besucht man die Gräber, stellt brennende Kerzen darauf usw. Ihretwegen bleibt kein Messer mit der Schneide nach oben am Tische liegen; die armen Seelen müßten darauf sitzen. Ihretwegen wird am Samstag abends der Tisch säuberlich abgeräumt; die armen Seelen ruhen dort aus. Ihretwegen darf die Türe nicht knarren, das tut den armen Seelen weh. Ihretwegen darf man die Tür nicht zuschlagen; zwischen Tür und Angel sitzt eine arme Seel."

Gedacht wurde aber auch zu Allerheiligen, vor allem aber am nachfolgenden Allerseelentag nicht nur an die armen Seelen im Fegfeuer, sondern auch an die noch lebenden Armen, wie schon im Kapitel „Seelenwecken" beschrieben.

Der Ponzauner Wigg aus dem Rottal erinnert sich an seine Kindheit in den Jahren vor dem Zweiten Weltkrieg: „Zum Allerseelenbrauch früherer Zeiten gehörte auf dem Land auch, daß man an die armen Leute dachte. So wurde auf den Höfen kleine Brote, Allerseelenweckerl genannt, gebacken. In der Allerseelenwoche war es den Bedürftigen erlaubt, von Hof zu Hof, um diese Brote betteln zu gehen. Dabei wurde für den Seelenfrieden der Verstorbenen ein ‚Vaterunser' gebetet.

Weit verbreitet war der abendliche Totenrosenkranz im Familienkreis. Ein frommer Brauch, der fast nur noch in den Kirchen gepflegt wird.

Eine Gepflogenheit, die sicher auf die Zeit zurückgeht, da die Geistlichen nur ein geringes Einkommen hatten, ist das Aufschreiben von Allerseelenbitten. Diese werden an den Quatembergedenktagen viermal im Jahr verlesen. Dafür bekommt der Geistliche ein sogenanntes Bittgeld.

Tanzveranstaltungen in der Allerseelenwoche waren früher auf dem Lande gleichbedeutend mit Gotteslästerung und Totenfrevel."

Die Toten sind den Altbaiern nicht nur auf den Friedhöfen gegenwärtig. In Deggendorf haben die Hinterbliebenen von Gefallenen bei der Geiersberg-Kirche einen Heldenhain angelegt (links). Bei Lalling erinnern zwei Wegkreuze an liebe Verstorbene (rechts).

Die Hinterbliebenen ließen einst ihre Toten drei Tage auf einem Brett im eigenen Hause ruhen, bevor sie auf dem Heimatfriedhof beerdigt wurden.

Die Geschichte des Allerheiligenfestes

Der gute Brauch, den Verstorbenen durch Gebet und Opfer beizustehen, ist so alt wie die Menschheit selbst. Es gibt keine Kultur in den Jahrtausenden der Menschheitsgeschichte, die nicht die Verstorbenen ehrte. Der christliche Glaube formte den Totenkult so fest heraus, daß Abt Odilo von Cluny zu Beginn des 11. Jahrhunderts für die Mönche seines Reformkreises es zur Verpflichtung machte, am 2. November die Messe für die Verstorbenen zu lesen.

Im 14. Jahrhundert wird dieser Brauch auch schon in Rom gepflegt. Im 20. Jahrhundert gibt Papst Benedikt XV. ein Dekret heraus, wonach es jedem Priester erlaubt ist, am Fest Allerseelen dreimal das Meßopfer zu feiern. Allerheiligen – Allerseelen sind Tage, die den Menschen die Realität des Todes vorführen, dessen Gerechtigkeit auch schon unsere Vorfahren erkannt haben, denn auf einem Marterl im Unteren Bayerischen Wald heißt es:

„Dös ist dös Schönste auf der Welt,
daß Tod und Teufel nimmt kein Geld,
sunst müßt' manch armer G'sell
für oan Reich'n in die Höll."

Bretter, auf denen die Toten ruhten

Als man im Waldland noch keine Leichenhäuser kannte, war es Sitte und Brauch, daß man die Verstorbenen bis zum Tage der Beerdigung in ihrem Wohn- oder Schlafzimmer aufbahrte. Das geschah auf einem normalen Brett, das aber dann nach der Beerdigung zu einem Denkmal für die Totenverehrung wurde.

Die Hinterbliebenen ließen dieses Totenbrett, auf dem der Tote drei Tage lang geruht hatte, von einem Schreiner bearbeiten, teilweise kunstvoll formen und schnitzen und mit Versen über die Persönlichkeit und mit Gebeten beschriften: „Hier hat geruht bis zu seiner Leich der ehrengeachtete X. X...." Dazu vermerkt sind dann der Stand und Beruf, der Sterbetag und die Umstände, die zu seinem Tode führten. Den Dorfschullehrern oder auch Pfarrern oblag es zumeist, auch ein passendes Sprücherl über die weiteren Lebensumstände des Toten zu formulieren.

Eine der vielen Totenbrettsammlungen des Oberen und Mittleren Waldes findet man an der Kapelle des Bauernhausmuseums von Lindberg bei Zwiesel. Und wenn man hier da und dort dafür sorgt, daß diese Denkmäler des waldlerischen Totenkults erhalten und für die Zukunft „konserviert" werden, so steht dies im Gegensatz zum Glauben der Waldler, die eigentlich daran festhalten, daß der Tote erst dann als vom Fegefeuer erlöst gilt, wenn das Totenbrett verfault ist, weshalb man nur weiches, vergängliches Holz dafür aussuchte, nämlich Fichtenholz.

Inschriften von Totenbrettern:

„Wanderer, steh still und schau,
was Du bist, war ich auch,
was ich bin, wirst Du werden:
ein Aschen dieser Erden."

*

„Wo Du stehst und wo Du gehst,
bist Du in der Spur des Vaters,
tritt'st Du in den Boden,
den er mit Schweiß gedüngt."

*

„In der Blüte abgerissen,
eilst Du früh dem Grabe zu.
O so nimm zum Sterbekissen,
Vater-, Brüder-, Schwestertränen
mit zur Ruh."

„Hier, wo ich einst gehütet
meine Ziegen,
will ich vereint mit
meinem Hunde liegen.
Hier auf dem Pfahle
saß ich oft und gern.
O Wanderer, schau' Dich um und lobe
Gott den Herrn!"

*

„Ach Gott, wer hätt' das dacht,
daß ich tot werd' nach Haus gebracht.
Des Schlittens schwere Last,
der Abfahrt große Hast
hatt' mich ums Leben bracht.
Drum Christenmensch,
sei allezeit bereit,
zum Eingang in die Ewigkeit."

*

„Hier ruht die Barbara Gschwendtner,
sie wog mehr als zwei Zentner,
Gott geb' ihr in der Ewigkeit,
nach ihrem Gewicht die Seligkeit."

Die Totenwacht von einst

War in einem Haus ein Mensch verschieden, machte sich sogleich der Totensager oder Einsager, wie er auch heißt, auf den Weg. Nach dem Glauben unserer Vorfahren war das Totensagen aus zwei Gründen nötig:

1. Um Haus und Hof und alles, was drinnen ist, vor der umherziehenden, fäulnisbringenden Macht des Todes und der Unfruchtbarkeit zu warnen.

2. Der Einsager hatte in jedes Haus die Nachricht vom Ableben eines liebenswürdigen Menschen zu bringen. Seine Kunde kleidete der Einsager z. B. in folgende Worte: „Da Müllervater ist heit selig im Herrn verschieden; die Familie laßt heit und morgen zum Totenrosenkranz bitten."

Somit wußte also jedermann Bescheid, und nach getaner Arbeit ging es dann zur Totenwache, oder, wie man auch sagt, zum „Aufbleiben".

Max Peinkofer berichtet in seinem Buch „Der Brunnkorb" dazu:

„Die Zahl der Teilnehmer steigt und fällt mit Reichtum und Ansehen des Hofes und des Verstorbenen. Hat er zu den Großbauern gezählt, dann wurde nicht selten die weite Bauernstube zu eng, dann müssen noch Kuchl und Stubenstübl die Gäste beherberg'n."

Die Totenwacht hatte einen vielfältigen Sinn: Der Waldler war kein Freund der Leichenhäuser, in denen es meist recht geschäftig zugeht. Beim Waldler sollte der liebe Tote noch im Haus bleiben bis zum Begräbnistag. Im Allerweltstotenhaus könnte der Entschlafene Zeitlang, also Heimweh, bekommen nach der geliebten Heimstatt. Deshalb ist es auch selbstverständlich, daß der Waldler dem Toten als Liegestatt das beste Bett und die reichste „Zür" in der „schönsten Stube" überläßt. Mit den Füßen zur Tür muß der Tote liegen, denn er hat im Haus keinen Platz mehr.

Wie alle anderen Menschen auch, so ist der Waldler erfüllt von einer starken und geheimnisvollen Scheu vor der Macht des Todes. Darum hat er es gern, wenn an den Abenden, da der Tote noch im Haus liegt, Verwandte und Freunde des Hauses kommen, die Totenwache mit ihm zu teilen und sein Grauen mindern zu helfen. Es ist erwünscht, daß die Leute auf mehrere Stunden Schlaf verzichten, um so lange mit den Leuten vom Hof aufbleiben zu können.

Dieses Aufbleiben aber sollte neben der Ehrung für den Toten auch seinem Seelenheil dienen. Deshalb stand im Mittelpunkt der Totenwacht der heilige Rosenkranz.

Waren die Aufbleiber im Hause des Toten angekommen, so wurde nicht gleich, wie man vermuten könnte, mit dem Beten begonnen. Vielmehr ging jeder Teilnehmer zuerst in die Sterbestube, wo der Tote aufgebahrt lag, schaute sich ihn noch einmal genau an, verrichtete ein kurzes Gebet und bespritz-

te den Toten reichlich mit Weihwasser. Denn die einfältige Frömmigkeit ließ den Waldler glauben, daß damit die arme Seele des Toten sicherlich eher aus dem Fegfeuer erlöst würde."

St. Hubertus – das höchste Fest im Weidmannskalender

Die Hubertuslegende ist eine alte Überlieferung. Ob sie in ihrem Ablauf wahr ist oder nicht, ist nebensächlich. Das Entscheidende ist vielmehr ihre Forderung nach Besinnung auf höhere Werte und Aufgaben. Damit steht sie mitten in der Gegenwart und weist in die Zukunft. Der Hirsch mit dem Strahlenkreuz zwischen den Geweihstangen ist und bleibt zeitlos. Zu einem anständigen Jagen gehört eine saubere Haltung zum Wie und Wieviel.

Die katholische Kirche feiert am 3. November das Gedächtnis von zwei Heiligen: St. Eustachius und St. Hubertus. Beide gelten als Patrone der Jagd, der Jäger und der Förster. Während der hl. Eustachius bei der Jägerschaft Österreichs immer noch hohe Verehrung genießt, wird in den Jägerkreisen Deutschlands, Belgiens und Frankreichs St. Hubertus als Schutzherr gefeiert. Welchem von beiden der kreuztragende Hirsch erschienen sein soll, läßt sich geschichtlich nicht klären. Aller Wahrscheinlichkeit nach ist wohl keinem der beiden ein Hirsch mit dem glänzenden Bild des Gekreuzigten vor die Waffe gekommen. Es läßt sich urkundlich auch nicht nachweisen, daß der Lütticher Bischof St. Hubertus überhaupt gejagt hat. Es handelt sich bei dieser Bekehrungsvision ganz eindeutig um eine Legende, die ein Produkt der lebendigen Volksphantasie ist. Tatsache ist, daß Hubertus seit dem 10. Jahrhundert als Schutzpatron der Jäger verehrt und auch bezeugt wird.

Der Wolf wird „ausgetrieben"

Wie die Feste vieler Heiligen ist auch der 11. November, der Tag des hl. Martins, voller Wetterorakel wie „Ist Martins Laune trüb, wird der Winter auch nicht lieb – macht er ein bös' Gesicht, taugt der ganze Winter nicht", „An Martini Sonnenschein, tritt ein kalter Winter ein", „Rutscht die Martinsgans auf dem Eis, kann sie um Weihnachten ins Wasser tauchen", um nur einige wenige Beispiele zu nennen.

Es ist den fettgefütterten Martinsgänsen zu verdanken, daß sich gerade dieser Festtag, der ja kein Feiertag mehr ist, nicht aus dem lukullischen Brauchtumsleben streichen läßt. Denn selbst der, der nichts mit den alten Hirtenbräuchen, die an diesem Tag gepflegt werden, zu tun hat, wird sich genauso wie an Kirchweih und Weihnachten rechtzeitig um eine Gans umschauen. Am besten tut man das recht zeitig auf den Bauernhöfen. Die „körndlgefütterten" rund um den Bauernhof freilebenden Gänse sind halt doch viel besser als etwa die Martinigans aus der Gefriertruhe eines Supermarktes. Kann die Bauernhofgans zwar nicht im Preis mithalten, da eine zwölfpfündige immerhin an die 80 Mark kostet, so kann die Gefriertruhengans anderseits ihr hinsichtlich der Qualität keinesfalls das Wasser reichen, das einem nur bei ersterer buchstäblich im Munde zusammenläuft.

Die Martinsgans ist den Altbayern heilig. Das aber nicht nur wegen der frommen Sage, die darüber folgendes erzählt:

Der hl. Martin sollte Bischof werden. Er hielt sich aber dessen nicht für würdig und um der Wahl zu entgehen, versteckte er sich in einem Gänsestall. Das Geschnatter der Tiere verriet ihn jedoch. Zur Strafe ließ er die Gänse

Das Wolfaustreiben oder Wolfauslassen zählt zu den lebendigsten und elementarsten Bräuchen im östlichen Bayern. Dieses Brauchtum stammt aus der Zeit, als es noch Wölfe und auch noch Bären im Bayerischen Wald gab. Am Vorabend des Martini-Tages, dem 11. November – um diese Zeit wurde das Weidevieh heimgetrieben – verscheuchte man die lauernden Wölfe durch ohrenbetäubenden Lärm, der vorwiegend mit den Viehglocken, aber auch durch Peitschenknallen erzeugt wurde.

schlachten und für die Abgesandten des Volkes zurichten. Seitdem ist es in den Familien Brauch, am Tage des hl. Martin eine Gans, die sogenannte Martinsgans, zu verspeisen.

Gans und Laterne

Die Martinsgans ist als Festessen aber auch keinesfalls zwischen Donau, Inn und dem Bayerischen Wald eine Erfindung der Neuzeit, denn bereits 1914 schreibt Michael Waltinger darüber:

„In der Gegend von Schwanenkirchen, Winzer ec. Bez.-Amt Deggendorf, gab es den Gänsebraten regelmäßig als Abendessen. Mit dem Braten wurde zugleich auch eine Laterne auf den Tisch gestellt, was ein Zeichen dafür sein sollte, daß morgen in aller Frühe das Dreschen beginnt. Des andern Tags konnte man denn auch bereits um 2 oder 3 Uhr früh das monotone Klappern der Dreschflegel vernehmen."

Freilich, die Dorfhirten von damals waren zu solchen Mahlzeiten wohl kaum eingeladen, denn für sie gab es nur kargen Lohn, den sie zu Martini gleich für ein ganzes Hüterjahr kassierten. Der Martinstag war für den Dorfhirten der Lohntag, also sein persönlicher Lichtmeßtag. Für eine von ihm gehütete Kuh bekam er 20 Liter Korn, für ein Jungrind 20 Liter Gerste, für ein Mutterschwein 20 Liter Korn, für einen Frischling 35 Pfennig, für ein Schaf 35 Pfennig, für eine Gans 20 Pfennig. Diese Entlöhnung wurde vor dem Ersten Weltkrieg bezahlt.

Außerdem hat er freie Wohnung im Hirtenhaus und Futter für eine Kuh. Zu Weihnachten, Ostern, Pfingsten, Sonnwenden sowie am Prangertag bekommt er Fleisch und Gebackenes wie die „Ehhalten", am Ostertag auch das Osterrecht, das sind zwei Eier vom Haus.

Auch an den Schlachttagen fällt für ihn immer einiges ab, so Blutwürste, ein Stück Fleisch ec. Den Hütbuben muß der Hirte aus seinem Sack entschädigen. Derselbe erhielt einst, also anfangs dieses Jahrhunderts gewöhnlich 30 Mark in Geld, ein Paar Stiefel und zwei Hemden; nur am Martinitag, wenn er den Hirten auf seinem Zahlgang begleitet, wurde ihm von seiten der Bauern Trinkgeld in der Höhe von je 10 bis 30 Pfennig verabreicht. In Trametsried, Bezirksamt Kötzting, bestand die Löhnung des Hirten in freier Wohnung im Hirtenhaus, in 2 Tagwerk Feld und einer Wiese zu eigener Benützung, weiters in 1 Klafter Holz, $\frac{1}{2}$ Scheffel Korn, $\frac{1}{2}$ Scheffel Haber und 20 Pfennig Hüterlohn für jedes Stück Vieh), desgleichen von jedem Bauern einen Läut- und Austreiblaib. Geht der Hirte in Trametsried am Martinitag um seine Löhnung, so hat er einen Sack und ein Bündel Birkenruten bei sich."

Immer mehr Anhänger

Im Waldland ist dieser uralte Hirtenbrauch keinesfalls vergessen, ja er gewinnt von Jahr zu Jahr neue Anhänger, die sich in Gruppen bis zu 70 Mann mit kleinen und größeren Schellen zusammenrotten.

Wie's heutzutage beim Brauch des Wolfauslassens zugeht, darüber schrieb der Redakteur Georg Hof zu Martini 1988 im Bayerwaldboten:

„Schier wehmütig könnt' ihm ums Herz werden, ihm dem Bauernmenschen, der heute noch so gut weiß, wie es einst war. Er ist ja noch ein Hirta gewesen, einer der in aller Herrgottsfrüh mit den Rindln hinaus ist auf die Wies' und in den Wald und erst spät, wenn die Sonn' schon lange Schatten warf, mit selbigen zurück

kam in den heimatlichen warmen Stall. Und der sich redlich freute, wenn das lange Jahr wieder um war, wenn der Bauer, bei dem er grad in Diensten stand, beschied: ‚Einställig mach'ma.' Dann wußte der Hirta, daß Martini da war."

„Martini" – das ist der 11. November – ein markantes Datum im Bauernjahr. Alle, vom Hüterbuben bis zum Ochsenknechtl, wußten: Weit hin ist's noch bis ins nächste Jahr, wenn es heißt: Austrieb'n werd!

Das gibt es so gut wie nicht mehr im Waldland. Freilich: Da und dort, droben auf den Bergwäldern, zieht noch einer herum mit der Herd', die ihm anvertraut worden ist. Aber sonst? Den Hüterbuben hat der elektrische Zaun abgelöst. Das war schon Ende der fünfziger Jahre, manches Bauernsach' gibt es eh nicht mehr – aber noch ganz viele Leut', die wissen, wie es damals zugegangen ist.

Dieses Wissen wird alle Jahr' im Regener, Viechtacher und im Zwieseler Land, natürlich auch noch in manchen Ortschaften drumherum, wieder lebendig, wenn Martini kommt. Besonders drunten im Rinchnacher Tal. Da haben immer die Wolfauslasser ihren großen Tag, warum das so heißt – Wolfauslassen oder auch: Wolfaustreiben? Das kann man schnell erklären: Die Schöllen, die Glocken also, hängte man dem Vieh um, damit man es auf der Wies' oder im Wald leichter ausmachen konnte, wenn es sich etwa verlief. Und mit dem gewaltigen Kreuzweisgeißeln schnalzte der Hirte wohl auch, wenn er meinte, es könnte gar ein Wolf um die Weg' sein, der ja einst hierzulande sein Unwesen getrieben, Menschen und Tier zu Tode geängstigt hat, und den man mit dem Geschepper und Geschnalze fernzuhalten, zu vertreiben suchte. Was lag also näher, als das Ende des Hüter-

Eine Heidenarbeit ist es, die Martini-Gänse nicht nur zu schlachten, sondern auch zu rupfen, um mit den weichen Daunen zur Aussteuer für die Töchter beizutragen.

jahres mit dem Spektakel des Wolfauslassens anzuzeigen? Das ist bis heute geblieben...

Zwei Tage geht das gewöhnlich – so ist's altes Herkommen. Am 9. November wird der Wolf „angemeldet". Da gehen die Burschen auf den Dörfern von Haus zu Haus. Der Anführer sagt seinen Spruch auf:

„Jetzt kimmt der Hirt mit seiner Girt, der hat sein Jahr mit Freuden ausg'hirt..." Dann rumpelt der Bauer halt heraußen von der Gred durch die Flöz hinein in die Stuben, holt ein Markl oder gar zwei. Mehr darf's natürlich auch sein. Denn das Geld braucht man ja am nächsten Tag, wenn der Wolf „ausgelassen" wird.

Gutding 500 Läuterer, Buben und auch Deandln und sogar gstandene Mannsbilder warens heuer, die aus allen Himmelsrichtungen her, weit draußen von den Dörfern ins „Klousta", also nach Rinchnach, zogen. Im Takt begleitet von den schweren „Goaßln". Großmächtig die Glocken, die sie riegelten.

Gewiß: „Man muß ein wenig großmütig hinwegschauen über die Auswüchs', die um den Wolfauslasserbrauch entstanden sind: Einige sagen, da und dort, vor allem in den Städten, ist eine Bettelei draus geworden, ein schlichtes Gaudium. Mag sein. Aber dann muß man halt auf die schauen, die als Wolfauslasser mit so großer Freud' bei der Sach' sind, daß sie es schier nicht mehr spüren, wenn's schon lange nach Mitternacht ist. Es ist ja nur einmal ‚Martini' im Jahr. Und mindestens hat man noch am nächsten Tag etwas davon, wenn es summt in den Ohrwascheln, daß man glaubt, man ist in einem Bienenstock, und wenn das Kreuz weh tut, als hätte man Frondienst im Steinbruch geleistet."

Der Hirtaspruch

Jetzt kimmt der Hirt mit einer Girt,
er hot sei Jahr scho ausgehirt,
er hirt scho 52 Wocha
und mecht jetzt Feierabend mocha.

52 Wocha ist a lange Zeit,
hot se der Hirt auf Martini g'freit.

Er schreit daher und treibt daher
a ganze Herde Viech daher.

So vui Haarwurzl, so vui Kälberstuzl.
So vui Growidbirl,
so vui Öchsl und Stierl.
So vui Haslnußzepferl,
so vui Bickl und Böckerl.
So vui oichas Lauba,
so vui Henner und Tauba.
So vui Distel und anders Gschmoiß,
hot der Bauer Böck und Goiß.
Der Hirta muaßa draußt sei,
is koid oder hoaß.

Da Hirta muaß treibn
durch enga Lucka,
daß a Stückl Viech des andere
mecht dadrucka.

Wenn dem Viech ebbs g'schiacht,
hengt ma an Hirta d' Schuld o,
wenn er glei gar nix dafür ko.
Da Hirt muß springa über
Distel und Dern,
daß eahm oft kunt ganz übel wern.

Wenn er hoam kimmt auf d' Nacht,
nacha sogt d' Hirtin: „I han scho no
a weng a Bloue Suppn in der Röhrn."
Und wenn i sogad:
„Is an des a no vos z' Essen?"
No griagad i glei oane in d' Freßn.

I moa, i hör Schlüsseln klinga,
d' Bauer wird in d' Kammer springa.

Wird a Fünfmarkstückl bringa.

Bringt er mir an Taler raus,
so schlog ehm gwiß a ned aus.

Aber ganz is ma no ned gnua,
a Schüssel voi Kichaeln g'hört a dazua.

Mit'n Schlegel daschlogn,
mit'n Sock' dahaut,
daß fei auf d' Nacht koane
Woifn mehr traust.
Und daß es wißt's, daß heit Martini ist,
so leg i eng d' Hirtagirt übern Tisch.

Und dir Hirtin,
dir muaß i no eigens wos dazähln,
du kannst dir afs Jahr
an andern Hirta einstelln.

Mechst wissen zweng wos,
weist nix host a ganze Wocha,
wia a hundsmiserable Kost.

Sankt Martin war römischer Offizier

Martin, ein Träger dieses Namens war jener römische Offizier und spätere Heilige, der dem Tag dann seinen Namen gab. Martin hat in kalter Winternacht des vierten Jahrhunderts ein Zeugnis barmherziger Nächstenliebe abgelegt, das ihn überdauert hat, obgleich es keine große, aber eine symbolträchtige Tat war: Martin war einem Bettler begegnet, dessen zerlumpter Anblick ihn rührte. Um dem Mann zu helfen, teilte Martin mit dem Schwert seinen Mantel in zwei Teile und überreichte den einen dem frierenden Bettler.

Künstler aller Jahrhunderte hat der Ritter Martin fasziniert. Die Werke mit dem Thema St. Martin und der Bettler, die Weltruhm errangen, sind nicht mehr zu zählen. Das Thema ist noch immer aktuell, und es wird wohl auch so bleiben. Meinungsforscher haben herausgefunden, daß die modernen Zeitgenossen einer modernen und angeblich herzlosen Welt

110

„Laterne, Laterne, Sonne, Mond und Sterne..." singen die Kindergartenkinder und Grundschülerinnen und -schüler, wenn sie am Abend vor dem Sankt-Martins-Tag durch Dorf, Markt und Stadt ziehen.

der barmherzigen Nächstenliebe einen sehr hohen Stellenwert einräumen.

Der spätere heilige Martin starb auf einer Missionsreise im Jahre 397. Sechzehn Jahre vorher war er zum Bischof von Tours gesalbt worden. Sein Grab liegt im Südwestfranzösischen, eben in seiner Stadt Tours. Martin hatte sich im Alter von 18 Jahren taufen lassen. Zu seiner Zeit war es schon kein Risiko mehr, auch als römischer Offizier christlichen Glaubens zu sein.

Martin und Kinder

Der Martinstag wird aber nicht nur bei den Nachkommen früher Hirten hochgehalten. Für Martinsspiele wurde er vor allem in Kindergärten und Schulen neu entdeckt. So dürfte es wohl keinen größeren Ort geben, an dem sich nach Einbruch der Dunkelheit zu seinem Namenstag ein Martinszug mit vielen bunten Laternen in Bewegung setzt. Allein voranreitet in der Maskerade eines römischen Offiziers Sankt Martin höchstpersönlich, um so dann auf Spiel- und Marktplätzen mit einem Armen seinen Rock zu teilen.

Nach Martini waren auch jene Tage angebrochen, an deren langen Abenden Bäuerin und Gesinde zum Federnschleißen in der guten Stube zusammenkamen, also von den Federn der Flügel Kiel und Flaum getrennt wurden.

Zur Arbeit sang man Lieder nach alter „Weis" und Geschichten, vor allem auch Geistergeschichten, wurden erzählt. So manchem lief es „heiß und kalt" über den Rücken, als der Wind in das Gebälk der alten Holzhäuser fuhr und es im Hause „kratzte" und die Balken ächzten. Man rückte enger zusammen, um mit dem Nachbarn „Tuchfühlung" zu haben und versuchte, sich durch Reden wieder gegenseitig Mut zu machen.

Einst wurden Sankt Leonhard zur Ehr' „Eisenopfer" in Form von Tiergestalten dargebracht. Die Zahl richtete sich nach dem Viehbestand.

Pferdeumritte Sankt Leonhard zur großen Ehr'

Seit vielen Jahren wird in Aigen am Inn dem „Bayerischen Herrgott", St. Leonhard, besondere Verehrung gezollt. Von hier aus verbreitete sich die Leonhardiverehrung über den ganzen süddeutschen Raum. Sein Namenstag wird am 6. November gefeiert.

Bereits seit dem 12. Jahrhundert erhebt sich in Aigen eine Kirche zu Ehren des Helfers in vielen Nöten. Der große Zulauf der Hilfesuchenden – Benefiziat Pogenberger berichtet um 1758 von 18 000 Wallfahrern allein an den drei goldenen Samstagen im Oktober – ließ die gewaltige Wallfahrtskirche entstehen. Gar vielfältig sind die Nöte, in denen sich die Menschen an den himmlischen Nothelfer wandten und wenden. Als Patron wurde er von den Gefange-nen angerufen, von Frauen in Geburtsnöten und bei fehlendem Kindersegen. Sankt Leonhard war zuständig in Geisteskrankheiten genauso wie als Wegbegleiter in der letzten Stunde.

Seit dem 16. Jahrhundert wurde er zum überragenden Beschützer der Tiere, vor allem der Pferde und Rinder, wovon die unzähligen Votivtafeln an seinen Wallfahrtsstätten zeugen.

Nach mehrjähriger Unterbrechung wird seit 1972 in Aigen wieder der Leonharditag groß gefeiert, nachdem in den 60er Jahren der Pferde mangel den Umritt und Festzug zum Erliegen brachte. Weit über 100 Reiter hoch zu Roß aus dem Niederbayerischen und dem benachbarten österreichischen Innviertel beteiligen sich am Umritt.

Zum Greifen nahe zeigt sich da die vielhundertjährige Aigener Wallfahrtsgeschichte. Da wird die alte Entste-

Dem „Bayerischen Herrgott" Sankt Leonhard alljährlich eine Wallfahrt abzuhalten, das hat sich vor allem die Pfarrei Aigen am Inn zu einem Anliegen werden lassen. Weit über hundert Reiter machen dabei alljährlich mit.

hungslegende mit dem Katzenberger Edelfräulein und die Stiftung der ersten Kapelle lebendig. Es zeigen sich rauhbärtige Innfischer beim „Fang" des wundersamen Leonhardibildes oder auch Sankt Leonhard selbst. Einen festen Platz im Festzug hat auch der hl. Bruder Konrad von Parzham, der ja als Hans Birndorfer zehn Jahre lang alle 14 Tage nach Aigen zu seinem Beichtvater Dullinger wallfahrtete und von hier aus den Anstoß zum Klosterleben bei den Kapuzinern erhielt. Was wären aber Umritt und Festzug ohne die Segnung von Mensch und Tier auf der Leonhardiwiese in unmittelbarer Nähe der Wallfahrtskirche.

Doch nicht nur in Aigen am Inn wird zum Leonhardiritt geladen. Überall dort, wo es auch heute noch Pferdefreunde gibt, wird sein Namenstag gefeiert. Allein in der Säumerstadt Grafenau will man, daß auch die im Lande weilenden Feriengäste von diesem schönen Brauch noch was haben, weshalb man hier bereits am zweiten Samstag im September einen Pferdeumritt von Grafenau aus zur Leonhardikapelle ins nahegelegene Einberg organisiert.

Sankt Kathrein stellt den Tanz ein

Zu den 14 heiligen Nothelfern zählt auch Sankt Katharina. Um ihre Fürsprache betete man bei Zungenleiden wie zur Abwendung eines plötzlichen, unvorbereiteten Todes. Auch heutzutage wird um die Zeit ihres Namenstages am 25. November noch zu Kathreintänzen eingeladen, galt doch noch bis in die 50er Jahre dieses Jahrhunderts, daß dieser Termin als letzter für Tanzveranstaltungen vor der nun kommenden Adventszeit, in der nicht getanzt werden durfte, galt. Denn: „Kathrein stellt (oder auch sperrt) den Tanz ein", hieß es, und an diese Regel mußte sich jedermann halten. Deshalb war es dann auch für jene Brautleute, die noch im alten Jahr heiraten wollten, höchste Zeit, ihre Hochzeit auszurichten, da ja einst eine Hochzeit ohne Tanzvergnügen für Leute, die auf sich was hielten, nicht denkbar war.

Die Heiligenlegende erzählt, daß die Martyrerin Katharina im Jahre 306 gerädert und dann enthauptet wurde. Ihre Verehrung wurde mit den Kreuzzügen nach Deutschland gebracht.

In der Andreasnacht einen Blick in die Zukunft tun

Vor allem heiratslustige Mädchen konnten einst den 29. November, die Nacht vor dem Namenstag von Sankt Andreas, 30. November, kaum erwarten. Dem Volks(aber)glauben nach konnten gerade sie in dieser wichtigen Losnacht einen Blick in die Zukunft tun, was sich allerdings nur auf den Mann ihrer Heirat bezog. Genauso wie in der Thomasnacht versuchte man das Rätsel um den künftigen Hochzeiter damit zu lösen, daß man die eigenen Pantoffeln über die Schulter hin zur Stubentüre warf. Sollten die Spitzen hin zum Türausgang zeigen, dann galt es so ziemlich als gewiß, daß das Mädchen das Haus als Hochzeiterin verlassen würde – das bereits im kommenden Jahr.

Um jedoch die Identität des Zukünftigen genauer zu erkunden, versuchte man dies ebenfalls mit einem Über-die-Schulter-Werfen von Apfelschalen. Denn wie sich die Schale formte, hoffte man den Anfangsbuchstaben vom Namen des Heiratskandidaten herauszukriegen.

DEZEMBER

Mit der Adventszeit beginnt das neue Kirchenjahr

Das erste brennende Adventslicht weist nicht nur auf das bevorstehende Weihnachtsfest hin, sondern eröffnet für die Christenheit das Kirchenjahr. Am ersten Advent beginnt der Weihnachtsfestkreis, der mit dem Fest der Erscheinung des Herrn (Dreikönig) am 6. Januar endet. Advent bedeutet Ankunft und ist die Vorbereitungszeit für Weihnachten. In Bayern hat sich das alte Brauchtum von Rorateämtern in vielen Teilen des Landes noch erhalten. Der Name „Rorate" kommt vom lateinischen Anfangswort des Verses aus dem Propheten Jesaja: „Tauet, ihr Himmel, von oben." Die Rorateämter sind Votivmessen zur Ehrung der Gottesmutter Maria.

Und weil bei dem einst schon um 6 Uhr in der Früh' beginnenden Gottesdienst das Evangelium von der Verkündigung der Botschaft des Engels an Maria die Jungfrau gelesen wird, nennt man ihn auch „Engelamt". In früheren Zeiten ließ jede Bauernfamilie, die etwas auf ihr Hauswesen hielt, ein Engelamt lesen, so daß die Pfarrkalender oft auf Jahre hinaus mit Vorbestellungen gefüllt waren.

Mit dem Adventskalender das Warten aufs Christkind verkürzen

Ein junger Verleger aus München war es, der 1908 den ersten Adventskalender auf den Markt brachte. Man nannte ihn damals „Münchner Weihnachtskalender". Er bestand aus 24 mit Sprüchen versehenen Bildchen, die Tag

Am Vorabend des 6. Dezember ist der Besuch von Sankt Nikolaus als Gabenbringer angesagt.

115

Am 4. Dezember, dem Namenstag der hl. Barbara, werden von den Kirschbäumen die Barbarazweige geschnitten, damit sie bis zum Weihnachtsfest die ersten Blüten tragen.

116

für Tag auf einen festen Karton aufgeklebt werden mußten. Jedem Tag war eine bestimmte Szene und eine kleine Geschichte zugeordnet, die sich auf das Weihnachtsfest und die Vorbereitungen bezogen.

In der Werbung, so der Verleger Gerhard Lang, hieß es damals: „Sinn dieses reizenden Spielzeugs ist es, den Kindern das lange Warten auf das Fest zu verkürzen."

Dieses „lange Warten" hatte man vorher schon zu verkürzen versucht: Findige Eltern ersannen „Zeitmesser", die auf die Geburt des Jesuskindes vorbereiten sollten.

Da gab es selbstgebastelte Strichkalender, tageweise abbrennende Kerzen und sogenannte Advents- oder Weihnachtsuhren, an denen die Kinder selber den Zeiger jeden Tag um eine „Stunde" vorrücken durften.

Am einfachsten jedoch war die Sache mit den 24 Kreidestrichen an der Wohnungstür, von denen täglich einer weggewischt werden durfte.

Der Adventskranz: ein mystisches Symbol aus uralter Zeit

Wer denkt bei Mystik schon an den Adventskranz? Dieses christliche Symbol hat seinen Ursprung in der heidnischen Zeit unserer germanischen Vorfahren. Er bestand damals aus einem mit grünen Zweigen dekorierten Holzkranz. Die verwendeten 24 Kerzen, für jeden Adventstag eine, wurden im Laufe der Jahre auf vier Kerzen reduziert. Und damit es eine schöne Lagerstatt hatte, legten die Kinder einst jeden Tag eine Flaumfeder oder einen Strohhalm in die kleine Krippe. Die runde Form des Kranzes, das dauerhafte Grün und das warme Licht der Kerzen, symbolisieren die Ewigkeit. Folgende Punkte tragen zum Gelingen des Adventskranzes bei: Ein Kranz zum Aufhängen muß rund gebunden werden. Ein Tischkranz wird nur halbrund gebunden. Beide Formen können auf einen Reifen oder dünnen Wulst aus Weidengeflecht gewickelt werden.

Die geheimnisvollen Kräfte der Mistel

Auch in niederbayerischen Familien wird zur Weihnachtszeit ein Mistelzweig über der Türschwelle angebracht, obwohl der Brauch, dadurch die geheimnisvollen Kräfte dieser Pflanze auf den Menschen wirken zu lassen, aus dem Norden unseres Vaterlandes kommt. Den eigenartig gradlinigen, stumpfgrünen Blättern, die immer paarweise auseinanderstreben und zwischen denen runde, weiße Früchte sitzen, werden schon seit ältesten Zeiten außergewöhnliche Kräfte zugeschrieben.

Für die keltischen Priester, die Druiden, war die Mistel eine heilige Pflanze. Und da sich in Irland, England, Schottland und in der Bretagne der keltische Glauben am längsten gehalten hat, wird dort die Pflanze besonders hochgeschätzt.

Wie bei uns die Tanne, so ist dort die Mistel das grüne Symbol der Weihnachtszeit. Trifft am Weihnachtstag unter einem am Deckenleuchter oder Türrahmen befestigten Mistelzweig ein Mann mit einer Frau zusammen, so hat er das (ungeschriebene) Recht, sie zu küssen. Ein anderer Brauch besagt, daß Paare, die sich am Weihnachtsabend unterm Mistelzweig küssen, im darauffolgenden Jahr in den Stand der Ehe treten.

Sankt Barbara, die Schutzheilige der Bergleute

Überall dort, wo in Bayern Bergwerke waren bzw. auch heute noch sind, ist der Namenstag der hl. Barbara ein besonderer Tag, denn sie gilt als die besondere Schutzheilige dieses Berufsstands. Die Mitglieder der Knappschaftsvereine treten am 4. Dezember in ihrer Bergmannstracht an, holen ihre Traditionsfahne aus dem Schrank, um damit in musikalischer Begleitung einer Knappschaftskapelle zur Kirche zu marschieren. Dem Festgottesdienst schließen sich ein Totengedenken wie ein gemütliches Beisammensein an.

Barbarazweige – blühende Vorboten des Weihnachtsfestes

Von den Kirschbäumen werden an diesem Tag die bereits mit dicken Knospen besetzten Barbarazweige geschnitten, um sie dann in einen irdenen, mit Wasser gefüllten Krug zu stellen. So wie man sich im tiefsten Winter auf ein blühendes Frühjahr freut, so groß ist auch die Erwartung an die Barbarazweige, deren Blühen man just zum Weihnachtsfest erwartet, was Glück und Gesundheit versprechen soll.

Der hl. Nikolaus zu Hausbesuch

Pfarrer Johann Pfaffinger, langjähriger Pfarrer der Sonnenwald-Pfarrgemeinde Innernzell, kann sich im Grafenauer Land über die einzige Nikolauskirche glücklich schätzen, die bereits seit 150 Jahren besteht. Er hat zum hl. Nikolaus schon allein berufsbedingt ein sehr inniges Verhältnis und hat anläßlich eines Kirchenjubiläums folgende Gedanken notiert:

„Wenn alle Jahre wieder der Weihnachtsrummel beginnt, schon im November der Glitzerschmuck die Kaufhausdekorationen ziert und vor allem in der westlichen Welt der Konsumrausch seinen Jahreshöhepunkt erreicht, dann denkt kaum jemand daran, daß ursprünglich hinter all dem der bescheidene Bischof von Myra steht, dem das Gebot der Nächstenliebe wie ein Motto über den Lebensweg gezeichnet war.

Kein anderer Heiliger der Kirche hat soviel Liebe und Verehrung erfahren, kein anderer ist auch in den Köpfen derjenigen so präsent, die ansonsten von Kirche und Heiligenverehrung nichts wissen wollen, keine andere Gestalt hat freilich in solchem Maße Verweltlichung über sich ergehen lassen müssen, wie der heilige Nikolaus. Das liegt zum Teil sicher daran, daß über die historische Person des Bischofs von Myra so gut wie nichts bekannt ist. Die früheste Geschichte ist die von der Errettung der drei Geldherrn, aber auch die wurde erst im 6. Jahrhundert niedergeschrieben. Ausführliche schriftliche Quellen sind Legendenberichte, die aus viel späterer Zeit nämlich dem 9. Jahrhundert stammen. Sehr früh setzte jedoch eine große Nikolausverehrung ein, im Westen ab dem Jahre 1087, als die Gebeine des Heiligen von Myra nach Bari in Italien überführt wurden. Gemäß der geschichtlichen Forschung ist Nikolaus um das Jahr 270 in Patras geboren worden. Er war der Sohn reicher Eltern und zeichnete sich von Jugend an durch Großzügigkeit, Hilfsbereitschaft und Frömmigkeit aus. Seine Jugendzeit fällt in die Regierungszeit des römischen Kaisers Diokletian. Später wurde Nikolaus Bischof von Myra, der Hauptstadt der mächtigen römischen Provinz Lykien. Er starb in den vierziger Jahren des 4. Jahrhunderts

(342 oder 347). Der 6. Dezember ist früh als sein Sterbetag verbürgt und wurde auch bald von der Kirche als offizieller Feiertag des heiligen Nikolaus anerkannt."

Im Buch „Bauernjahr im Niederbayerischen" heißt es zu den Nikolaus-Besuchen: „Ein Tag, der Freud und Leid in einem Sackl für die Kinderwelt bedeutet, der Nikolaus kommt ja, um die bösen und faulen Kinder zu bestrafen und die braven und fleißigen zu belohnen. Am Vorabend, 5. Dezember, meldet er sich meist schon an, das heißt, er klopft bei Beginn der Dunkelheit ans Fenster oder an die Tür oder geht kettenklirrend am Hause vorbei; dabei ‚verliert' er gewöhnlich ein paar Nüsse oder Schleckereien. Am Haupttage selbst, 6. Dezember, kommt er abends. Er sieht meist recht fürchterlich aus, hat langes, wallendes Flachshaar und ebensolchen Bart, der bis auf die Knie reicht, am Rücken eine Kirbe (Anm.: Einen rucksackartigen Korb), in den Händen Ketten und Rute, unterm Arm oft auch einen Sack, in den er die unartigsten Buben und Mädel steckt; sein Haupt ist manchmal mit einer Bischofsmütze bedeckt. Nachdem er die Kinder durch Kettengerassel erschreckt, geht er gewöhnlich wieder ab.

Oft läßt er sich von den kleineren Kindern auch vorbeten; auch prüft er sie da und dort im Lesen und Schreiben; in manchen Häusern wird er von den Allerjüngsten mit einem Spruch empfangen, so in Reckenberg, Bezirksamt Deggendorf. Da rufen die Kinder:

Gegrüßt seista!
Fineista (oder Fingaleista)!
Gedankta Moria!
Geh eina schöna Niklo,
i zohl da a Maß Bier!

Oder:

Schupfaf (Schnupfauf)!
Zoig d' Uhr af!
Gel Muatta i bi brav!

oder:

Der Niklo is a brava Mo,
hat hint und vorn a Kirm dro!

Die hl. Luzia geht um – Wegbereiterin der Weihnacht

„Die Weihnachtszeit mit ihren geheimnisvollen Rauhnächten ist bei uns mit Luzia (13. Dezember) angegangen." Mit diesem Satz leitet der Rottaler Heimatdichter Ponzauner Wigg in seinem Buch „Niederbayerische Weihnacht" die Schilderung des Luziabrauchtums in früherer Zeit ein. Als blutrünstiges Wesen mußte d' Luz bei Einbruch der Dunkelheit durch die Lüfte sausen und den Weg fürs Christkind frei machen. Die einzige auf ihren Namen geweihte Kirche der Diözese Passau besitzt die heilige Luzia in Maierhof, Pfarrei Holzkirchen. Besonders schön strahlt das Christkind, das die heilige Luzia ankündigt, die Menschen in einem Gemälde auf dem Hochaltar der Kirche in Söldenau an.

In Ostbayern wird der Namenstag der hl. Luzia an einem Ort besonders festlich mit einem feierlichen Gottesdienst begangen, in Maierhof bei Ortenburg ist das dortige Kirchlein der hl. Jungfrau geweiht. Dieses ungewöhnliche Patrozinium ist in der Diözese Passau einmalig.

Die hl. Luzia lebte um das Jahr 300 in Syrakus und war die Tochter einer vornehmen Familie. Ihre Mutter hat sie christlich erzogen. Die Legende berichtet, daß Luzia nach dem Besuch des Grabes der hl. Agatha das Gelübde der Armut und Keuschheit abgelegt hätte. Mit Einverständnis ihres Vaters ließ sie

Zwoa Täuberl so weiß, halten's Herz'l so weich. Waar de Lieb' doch so heiß, nur a Bua tat wo not.

Winterzeit ist so recht die Zeit für die Schützenvereine, nicht nur ihre Gaumeisterschaften auszutragen, sondern auch besondere Schützenscheiben auszuschießen". Solche Anlässe boten und bieten sich auch bei Hochzeiten der Schützenschwestern und -brüder, denen zu Ehren eine Hochzeitsscheibe „ausgeschossen" wird. Eine davon hängt im historischen Ratskeller der Stadt Deggendorf.

119

ihr heidnischer Bräutigam durch das Schwert töten.

Als Heilige der katholischen Kirche gilt Sankt Luzia als Patronin gegen Augenkrankheiten. Die Künstler stellten sie deshalb meist dar wie sie eine Schale hält, in der sich zwei Augen befinden. Die Überlieferung erzählt nämlich, daß die Heilige durch ihre Schönheit die Liebe eines heidnischen Jünglings entfacht hat. Um sich seiner Leidenschaft zu erwehren, riß sie sich die Augen aus und ließ sie ihrem Verehrer auf einer Schale überbringen. Doch die Muttergottes soll ihr darauf noch schönere Augen geschenkt haben.

Viel mehr als dieser christliche Kult zur heiligen Luzia wurde früher bis in unsere Zeit herein der Kult der heidnischen, der dämonischen Luzia gepflegt. „D' Luzia geht um!" warnte früher die Mutter die bösen Kinder. Die böse Luzia war ehedem bei der Kinderwelt gefürchtet, erzählten doch die Eltern, sie ginge in der Dunkelheit herum, um unfolgsamen Kindern den Bauch aufzuschneiden.

Dem Thomastag folgt eine Losnacht

Das Andenken des hl. Apostels und Märtyrers Thomas, der am 21. Dezember seinen Namenstag hat, wurde einst nicht nur im Vilstal auf ungewöhnliche Weise gefeiert. Die Thomasnacht ist eine böse Losnacht, denn es kommt „der blutige Dammerl" (Thomas): Wer möchte sich vor dieser Schreckensgestalt nicht flüchten? Er trägt ein rotes Kleid, auf dem Kopf einen roten Hafen, über den Gesicht ein rotes Tuch. In der Hand hält er einen Hafen und ein Messer, unterm Arm trägt er einen Kochlöffel! Er hat schon viele Kinder abgestochen, meinen die Kleinen, drum ist er so rot über und über.

Von Zeit zu Zeit rührt er im Hafen das Blut, es ist aber bloß Schnee drinnen. Dann stößt er ein schauerliches Gebrüll aus, daß es durch die Winterfenster in die Stube dringt. Endlich poltert er in den Flur, stößt die Tür auf, brüllt wieder und läuft mit einem Schmiedehammer den Kindern nach. Der Großknecht spricht: „Jetzt kimmt der bluatige Dammerl mit'n Hammerl!" Unter den beruhigenden Worten der Mutter und dem entsetzten Geschrei der Kinder zieht der Dammerl weiter.

In der Thomasnacht haben die Weiberleut' auf jedem Hof heimlich zu kichern und zu lachen. Sie steigen bald in ihr Stübchen hinauf, und ehe sie zu Bett gehen, ermahnen sie sich gegenseitig, rechtzeitig zu erwachen; denn man war des Aberglaubens, wenn eine Magd nachts 12 Uhr in den Spiegel schaut, guckt der Zukünftige heraus. Was Wunder, wenn die Oberdirn schon um 11 Uhr wach in ihren geblümten Kissen lag, um das Mirakel ja nicht zu versäumen.

Das Schlachtschwein als „bayerischer Weihnachter"

Rechtzeitig vor den Weihnachtsfeiertagen wurde ein möglichst fettes Schwein geschlachtet, damit die Großfamilie entsprechend fettreich versorgt werden konnte. Der Volkskundler Joseph Schlicht schreibt über diesen altbayerischen Schlachtbrauch folgendes Erlebnis: „Was im Hause sitzt und steht, krabbelt und zappelt, also jung und alt, Vater, Mutter, kleine Ware, Ähnl und Ahnl, Knecht und Dirn, das sammelt sich in der Christabendwoche um den Weihnachter. Diesen Hochnamen führt in Bayern die wohlgemästete Mettensau.

Und halb und halb kein Wunder, wenn der Weihnachter der Brennpunkt der ganzen Familie ist! Ist er ja doch der goldene Born, aus welchem die weihnachtlichen Tafelfreuden alle quellen: die Mettenblunze, der Speck, die Brühsuppe, die Leber- und Röstelwürste, der duftende Schweinsbraten. Der Weihnachter zeigt ebenfalls untrüglich die Begüterung an. Hält er zwei Zentner, so signalisiert er den Großhof, mit anderthalb Zentnern den Mittelbauern, aber selbst das bayerische Tagwerkerhäusl hat seinen Weihnachter mit einem Dreiviertelzentner.

Vielfach sticht der bayerische Bauer mit höchsteigener Hand die Mettensau oder der Baumann oder der Oberknecht. Vielfach auch macht der Metzger die Runde im Dorf und auf den Einöden.

Schon der Metzeltag selbst, falls er nicht etwa ein rotes Abstinenzkreuzlein trägt, führt einen wichtigen Leibschmaus mit sich: die sogenannte ‚Britsuppe'. Sie kommt vom Abbrühen der Würste und gilt als Leckerbissen dann, wenn vom Würstelstock noch ein erklecklicher Fleischrest in den Kessel abfällt, und ganz besonders, wenn etliche Leberwürste bersten und ausrinnen. Fehlte die Britsuppe, der ganze Bauernhof käme in Aufstand. Eine Extrafreude macht den bayerischen Buben die ‚Saublattern', wie sie auf gut ländlich die Schweinsblase nennen. Schon stehen sie mit dem Federkiele bereit, üben an dem Ding ihre Lungen und blasen um die Wette auf. Mittlerweile tritt der Oberknecht in ihren Kreis ein und bläst auch mit und möglicherweise bläst der Bauer in höchsteigener Person, umgeschnürt zuletzt den Hals der Blase und hängt sie an die Ofenstange.

Von nun an bedarf es eines väterlichen Gnadenwortes, wenn die Buben

In den kleinen wie großen Glashütten des Bayerischen Waldes läuft vor allem in der Adventszeit die Herstellung von künstlerisch gestalteten Christbaumkugeln auf Hochtouren. Unsere Bilder sind beim Glasbläser Englbert Wandtner in Riedlhütte am Nationalpark Bayerischer Wald entstanden.

mit ihr noch den Fangball spielen wollen. Die Schweinsblase ist nämlich ein Wertstück im bayerischen Bauernhaus; in ihr liegen noch immer die silbernen Barschätze, sie vertritt dem Hausherrn die Stelle der Schatulle. Vom regelrecht zerstückelten Weihnachter werden nun die Viertel an die Eisenhaken aufgehängt, der Speck und die Würste in Schüsseln küchenfertig gestellt und das Speisegewölbe diebessicher verschlossen."

Heiligabend: Die Heilige Nacht

Höhepunkt des Weihnachtsfestkreises war und ist auch heute noch der Heilige Abend. Früher waren dieser Tag und die folgende Nacht von vielen heimeligen Geheimnissen durchflochten. Nachfolgend eine Heilig-Abend-Geschichte, so wie sie der Autor dieses Buches in den fünfziger Jahren noch selber erleben durfte:

„Der Böhmwind umspielt den Einschichthof nahe des Hochwaldes. Tief verschneit, die Tannen ächzen unter der Last des Schnees, vom alten Hausbackofen ragen gerade noch die obersten Schindeln des Giebels durch das Weiß. Die Sonne steigt als weiße, milchige Scheibe hinter den Waldbergen hervor. Der Weg ist beschwerlich hinauf zur Pfarrkirche, wo das Engelamt, das Rorate, gelesen wird. Zu Mittag gibt es nur eine Brotsuppe für alle, die zum Hof gehören, denn es ist ja der fastende Weihnachtstag. Der Nachmittag ist für die Kinder damit ausgefüllt, das Kripperl mit den in langen Abenden selbstgeschnitzten Figuren aufzustellen. Die letzten Schafe und Hirten wandern vom Moosbeet zwischen den Winterfenstern hinein zur Krippe, um teilzunehmen am Geheimnis dieser Nacht. Früh bricht die Dämmerung über den

Hochwald herein, und finstere Nacht senkt sich hernieder.

Die Familie findet sich in der Stube zusammen. Der Kachelofen burrt zur Melodie des Sturmwindes, der sich dann und wann im großen Kamin verfängt. Dann schiebt der Großvater als Familienoberhaupt bedächtig den klobigen Mettenbinken in die Glut des alten Kachelofens.

Der urige Holzklotz, den Großvater schon im Sommer aus dem Ödwald selbst geholt hatte, verspricht eine andauernde Glut mit einer angenehmen Wärme für die Feier der Heiligen Nacht.

Der Hausvater bekümmert sich, ob es auch nicht vergessen wurde, die Garbe Korn für die Spatzen und die anderen frierenden Vögel ins Freie zu hängen, Tür und Tor zu verriegeln, und fragt, ob die Kühe auch das Brot mit dem geweihten Salz und Kleesamen bekommen hätten. Doch es ist alles zum besten in dieser Nacht, die nach der Thomasnacht am 21. Dezember als die gefährlichste aller Losnächte gilt. Der Großvater weiß davon zu erzählen, daß in dieser Nacht Teufel, Hexen, Druden und alle bösen Geister unterwegs sind und Gewalt über Mensch und Tier ausüben. Wehe dem, und Schauder liegt in seiner Stimme, der in dieser Nacht Karten spielt oder zum Eisstockschießen unterwegs ist! Der wird Böses an Leib und Seele erfahren."

„Großvater", so der Enkel, „kann man denn den Dreimalverfluchten und die Hexen auf ihren Besen auch sehen?" „Ja freilich, mein Kind", meint der Großvater, „man braucht nur auf eine Kreuzstraße zu gehen, wo sich die Straßen aus allen vier Himmelsrichtungen treffen, dort, und hinten am ,Jägerriegel', wo sie damals den Förster erschossen haben, kann man das gruselige Regiment wahrhaben." Der Großvater weiß um jene Eigentüm-

lichkeiten, die mit den Geheimnissen dieser Nacht verbunden sind. Ein Sonntagskind, so erzählt er, kann des Nachts im Stall, wenn es sich unter den Futtertrog legt, die Sprache der Tiere verstehen und so einen Blick in die Zukunft tun. Und wer Schlag zwölf aus dem laufenden Brunnen, der wegen der Kälte mit einer Strohgarbe eingebunden ist, um ihn vor dem Erfrieren zu schützen, trinkt, dem würde der beste Wein entgegenlaufen.

Doch nicht immer ist Zeit zum Erzählen. Der Vater unterbricht den Großvater, denn es müssen noch der Rosenkranz und die Lauretanische Litanei mit ihren vielen Gesetzchen gebetet werden. Darauf liest die Großmutter mit ihrer schon etwas zittrigen Stimme das Evangelium der Heiligen Nacht nach Lukas: „In jener Zeit erließ der Kaiser Augustus den Befehl, daß sich das ganze Volk aufschreiben lassen..."

Vom Kachelofen her duften schon die Äpfel, und dann kommt das süßschwere Kletzenbrot auf den Tisch, von dem jeder soviel nehmen darf, wie er möchte. Die Älteren warteten schon lange darauf, bis der Großvater endlich mit seinem geradezu kostbaren Johannisbeerwein herausrückte, von dem sich jeder ein großes Suppenhaferl voll sicherte. Der Hofhund Bello und der Kater Michel liegen zufrieden zusammen hinten beim Kachelofen, denn in dieser Nacht dürfen sie in der guten Stube bleiben. Mit einem Klingelzeichen ruft die Mutter die Kinder in die Austragsstub'n hinüber, jenem heiligen Zimmer, in dem das Christkind zu Gast war. Wie groß ist die Freude, als da ein schwarzweißes Schaukelpferd mit den Kufen der alten Wiege stehen, ein Ziehwagerl für den kleinen Bruder und eine seegrasgefüllte Puppe für die Schwester. Auch hausgemachtes Gebäck, ein

Kripperlbauer arbeiten schon viele Wochen vor dem Weihnachtsfest in ihren Werkstätten an den „landschaftsgebundenen" Weihnachtskrippen, die sich an der Architektur Altbaierns orientieren.

Kranz Feigen und Nüsse finden sich in den Gabenschüsseln. Einen für die Kinder himmlischen Schein strahlte der schlanke Christbaum aus, und von der alten Spieluhr her erklingt die Melodie von der Stillen Nacht, der Heiligen Nacht…

Auf der Ofenbank werden die ersten Weihnachtslieder angestimmt: „Es wird scho glei dumpa, es wird scho glei Nacht…“ Die Großeltern singen zwar etwas zu tief und die Enkel zu hoch, aber kommt es darauf an? Zu schön ist die Weihnachtsgeschichte, die Mutter aus einem alten Volksschullesebuch vorträgt: „Wie zu der Schergenfranz das Christkind gekommen ist.“ Die Geschichte erzählt von der ledigen Franziska Gschwendtner, die selber eine lebendige Sage war und droben im Schergenhäusl wohnte, wo früher der Richtplatz war. Und zum Schluß dieser Erzählung heißt es: „Die Ohren der Schergenfranz, die das hohe Alter verschlossen hatte, tun sich auf, und die Musik der Christglocken erfüllt die Seele der Alten mit süßem Ahnen und reinem Glück. Freudestrahlend sinkt sie in die Knie, den Blick auf das Christkindl gerichtet. Und wieder hebt sie an zu singen, ganz leise und wundersam verklärt: ‚Ein Stern tut uns leuchten, eine Schrift steht dabei: Gloria in excelsis! Der Fried’ mit Euch sei!‘ Dann verstummt der Gesang. Dann verstummen auch die Glocken. Abglanz des Himmels liegt über dem verklärten Haupt der Schergenfranz.“ Den Kleinen werden dabei die Augen immer größer, und nicht selten kommt eine Träne über die Wange, aus Mitleid mit dieser armen alten Frau.

Nach dieser Geschichte, der auch der Großvater andächtig lauschte, erhebt er sich, um vom Hof die Stallaterne zu holen, denn von der Pfarrkirche droben am Berg rufen die Glocken zur Mette. Er selbst kann den weiten Weg nicht mehr zurücklegen, noch dazu in dieser ungestümen Mettennacht, in der es draußen werkt und wachelt. Er bleibt daher bei den Kindern und erzählt noch von den Wildschützen, die grad’ in dieser Nacht zu ihrem abscheulichen Treiben aufbrechen. Die Großmutter bereitete inzwischen die Mettenwürste vor, die nach dem Mettengang, nach all dem Fasten, besonders gut schmecken sollen.

„Mit Filzstiefeln und Gamaschen, mit Treiberstöcken ausgerüstet und mit Petroleumfunzel voraus, beginnt dann für alle Dörfler und Inwohner der Einschichthöfe der beschwerliche Mettengang durch die oft meterhohen Schneewehen. All die Mühen aber werden belohnt durch das feierliche Hochamt, durch die von vielen Kerzen und Wachsstöcken erstrahlte Kirche, durch ein Lächeln des Jesukindls von der Holzkrippe vor dem Hochaltar und nicht zuletzt von der anheimelnden Hirtenmusik und dem Klang der Weihnachtsglocken. Von überall her ist das Bellen der Terzerolen und alten Flinten zu hören, die das Christkindl ‚anschießen‘. Welch wundervolle und geheimnisbergende Nacht. Und man möchte mit der Erzählerin Selma Lagerlöf gleichstimmen, die in ihrer schönsten Weihnachtsgeschichte endet; ‚daß es nicht auf Lichter und Lampen ankommt und es nicht an Mond und Sonne liegt, sondern was not tut, ist, daß wir Augen haben, die Gottesherrlichkeit sehen zu können‘.“

Christnachtsagen aus dem Bayerischen Wald

Der Heimatschriftsteller Max Peinkofer hat gerade für die Weihnachtszeit viele Christnachtsagen aus dem Bayerischen Wald gesammelt. Nachfolgend zwei seiner Geschichten:

„Der Aufbleiber“

In der Tittlinger Pfarr ist am fastenden Weihnachtstag ein Bauer gestorben. Alle vom Hof sind in die Christmette gegangen. Nur der Knecht ist daheim geblieben und hat seinem toten Bauern die Wache gehalten. Dieser ist in der Wohnstube hinten im Eck auf der Bank gelegen, und der Knecht ist vorne am Tisch gesessen und hat aus einem frommen Buch, dem „Himmelsschlüssel“, gelesen. Jetzt erschrick nicht! Auf einmal wird der Bauer lebendig, steht auf und hebt das Reden an: „Brauchst dich nicht ängstigen, Sepp, ich will dir bloß was sagen! Merk dir’s, in der Mettennacht soll man nie allein bei einem Toten aufbleiben! Unsere Macht ist heute gar groß, und wenn ich möcht’, könnt’ ich dich in tausend Trümmer zerreißen! Soll dir aber kein Haar gekrümmt werden, denn du hast mir alleweil treu und redlich gedient!“

Und der Bauer nahm seinen Platz wieder ein und ist wieder stumm und steif gewesen wie zuvor. Den Sepp aber hat ein gacher (Anm.: starker) Wehtum gepackt, und mit Hundsschanden konnte er den heimkehrenden Mettenleuten noch erzählen, was vorgefallen war. Nach etlichen Tagen aber hat ihn sein Bauer abgeholt. Tröst’ sie beide der liebe Gott!

Der redende Totenkopf

Die Ilzleitner (bei Tittling) gruben in der Christnacht einen Totenkopf aus, sotten ihn in einem Kessel und stellten ihn alsdann auf den Tisch. Nun huben sie an, ihn zu befragen, und siehe, er gab jedem die gewünschte Antwort. Auch erzählte er ihnen so fürchterliche Dinge, daß sie seiner wieder ledig werden wollten. Aber es konnte niemand den Totenschädel heben, so schwer war

In Miniaturdarstellung pilgern das ganze Jahr über Dutzende von prominenten Bayern, so auch der verstorbene Ministerpräsident Franz Josef Strauß, in der Pscheidl-Krippe in Regen als Stoffpuppe zum Weihnachtsgeschehen.

er geworden. Man ließ den Pfarrer kommen. Der stellte sich vor den Totenkopf und betete aus Leibeskräften. Allein das Gebet fruchtete nichts. Mittlerweile fing der Schädel an zu winseln und zu weinen und er jammert, weil man ihn um die Ruhe des Grabes gebracht hatte. Da holte man aus Passau einen neugeweihten Priester. Dieser brachte es zuwege, den Totenkopf zu heben und wieder in die geweihte Erde zu bringen. Die Ilzleitner aber haben fürderhin nicht mehr danach verlangt, durch Freveltaten die Zukunft zu ergründen."

Der Weihnachtstag: Festliche Gottesdienste und festliche Essen

Die „Geburt des Herrn" steht dann am 25. Dezember im Kalender. Festliche Gottesdienste mit würdiger musikalischer Umrahmung von Chor und da und dort mit Streichmusik werden gefeiert. Der Mittag ist dann aber Treffpunkt der Groß- wie Kleinfamilien zu einem festlichen Mahl. Wer nicht eine Weihnachtsgans auf den Tisch stellt, der hat sich rechtzeitig um eine Bauernente umgesehen, deren Bruzzeln der Hausfrau einen aufregenden Vormittag beschert. Denn dazu muß es natürlich hausgemachte Reibeknödel und Blau- oder Weißkraut geben. Eine Vielzahl von Rezepten bieten sich dafür an.

Wer jedoch kein Rezeptbuch zur Hand hat, der fährt gut, wenn er zur Zubereitung „seiner Weihnachtsgans" folgendes Rezept beherzigt:

1 Gans, Salz, Kümmel, ½ l Brühe oder Wasser.

Die gerupfte und ausgenommene Gans zwei bis drei Tage in einem kühlen Raum abhängen, erst dann gut waschen, mit Salz und Kümmel einreiben,

In allen Kirchen in der Zeit des Weihnachtsfestkreises gegenwärtig: das weihnachtliche Krippenwunder.

in eine Bratpfanne legen und mit kochender Brühe oder kochenden Wasser übergießen. Damit das Fett der Gans besser austreten kann, wird sie ½ – 1 Stunde zugedeckt auf dem Herd gedämpft. Nun etwas Fett abschöpfen und die Pfanne ohne Deckel ins Rohr stellen. Unter häufigem Begießen 2–3 Stunden, je nach Größe und Alter, braten. Ist die Soße zu fett, vor dem Anrichten nochmals abschöpfen.

Der Stephanitag als großer Ausgehtag

Während der Hl. Abend und der erste Weihnachtsfeiertag alleine der Familie gewidmet waren und auch heute noch sind, wurde am Festtag des hl. Stephanus, 26. Dezember, auch wieder in die Wirtshäuser zum Stephanitag aufgebrochen, da ja nun das Tanzverbot wieder aufgehoben war.

Doch wer sich nicht um ein Tanzvergnügen riß, für den war genügend Abwechslung bei den nun beginnenden Christbaumversteigerungen, die heutzutage fast schon zu einer Unsitte werden, geboten.

Traditionsvereine laden an diesem Tag gerade heute wieder ihre Mitglieder, Gönner und vor allem Geschäftsleute ein, die sich vor einem mit vielen zuvor gesammelten Genußmittel wie auch nützlichem Haushaltsgerät geschmückten Christbaum versammeln. Ein Versteigerer plündert dann regelrecht jeden einzelnen Zweig des Christbaums, an dem zum Beispiel auch ein Feldhase hängen kann, um sie an die Meistbietenden an den Mann zu bringen. Auch Rauchfleisch und Torten kommen dabei unter den Hammer.

Begehrt ist vor allem das „Krazl", also der Wipfel des Christbaums, den gleich mehrere „Wertgegenstände" zieren, so zum Beispiel Puppen und Kleidungsstücke. Ist ein Bürgermeister unter den Gästen, so kommt er kaum umhin, tief in die Gemeindekasse zu greifen, um ein solches „Krazl" für 200 Mark und mehr zugunsten des sozial tätigen Vereins zu ersteigern. Die ersten Krazl-Steigerer nehmen sich aber anstandshalber nur ein oder zwei Gegenstände von ihrem ersteigerten Gut, damit der Gipfel dann noch mehrmals versteigert werden kann, wobei gesagt werden muß, daß dann der Wipfel immer wieder mit Wein, Rauchfleisch und dergleichen „nachgerüstet" wird.

Der Stephanitag galt in früheren Jahren auch als Tag der Pferdeumritte. Der Bauer ließ beim Gottesdienst an diesem Tag Salz weihen, das er dann seinen Pferden aufs Brot strich. Die nützlichen Helfer des Bauern wurden auch mit Stephaniwasser, also Weihwasser besprengt, und an den Nachmittagen fanden in manchen Ortschaften auch Pferdeumritte statt.

Zwischen den Jahren

Zwischen den Jahren, also der Zeit zwischen Weihnachten und Silvester ist es überaus ruhig im Lande. Nur die Waidmänner rücken ein letztes Mal aus, um zu Treibjagden auf Hasen, Fasan und Rebhuhn aufzubrechen, da ja mit dem 31. Dezember die Schußzeit vorbei ist und es dann für die Jagd auf das Niederwild bis zum Herbst des nächsten Jahres heißt: „Jagd vorbei – Hahn in Ruh!"

Der Johanniswein

Wenn auch der Namenstag von Johannes Evangelist nach dem Stephanitag, 27. Dezember, wieder der erste Werktag nach dem Weihnachtsfest ist, waren die bayerischen Dorfkirchen einst mit vielen Betern gefüllt. So ist aus der Zeit vor dem Zweiten Weltkrieg überliefert: „Am Johannestage getrauen sich selbst die Kirchenscheuen, die sonst jahrein und jahraus wie angenagelt im Portal stehen, bis zum Speisegitter heran.

An diesem Tage kredenzt nämlich der bayerische Pfarrer allen seinen Pfarrkindern, Böcklein wie Schäflein, mit eigener Hand den Johanniswein. Dazu kommt selbst das räudigste Schaf, das sonst dem Hirten auf eine Meile weit aus dem Wege geht. Angezogen von der Weinblume, faßt sich der Kirchenscheue Mut und spricht: ‚Wart, jetzt geh i extra a mit hi, ob mi da Pfarrer nöt übergeht?' Und siehe, der Pfarrer kredenzt ihm einen schönen Schluck. Triumphierenden Blicks schreitet er nun die Kirche zurück und lobt und preist hernach: ‚Schau, er hat mi halt do nöt überganga! A brava Mo is unsa Pfarra, dös sag i!'

Wenn aber der knausernde Kirchenpfleger den sauersten Kruckenberger zur Weihe liefert, dann verzieht der Bayer ohne weiteres auch vor dem kredenzenden Pfarrherrn den Mund, schüttelt mißmutig den Kopf und läßt spöttisch den schlechten Johannissegen links und rechts übers Maul zu Boden rinnen. Schmeckt ihm dagegen der Johanniswein, so schnappt er dem weggehenden Pfarrer wie ein Fisch nach. Ja, im Straubinger Gäu lebte einer, der fuhr seinem Pfarrer keck unter den Ellenbogen und verschaffte sich dadurch regelmäßig den Löwenschluck vom Johanniswein.

Am Wirtstische wird hernach der ‚Kirchenflegel', so nennt der Bayer scherzweise den Kirchenpfleger, mit seinem Essigwein in die Enge genommen: ‚No du, i glaub, du hast uns dösmal vogebn (Anm.: vergiften) wölln mit dein Johannissegn'!"

Übrigens lassen viele bayerische Familien am Johannestag noch ihren eigenen Hauswein zur Weihe tragen. Nach der Messe versammelt sich dann die sämtliche Hausbewohnerschaft um den Familientisch. Der Bauer ergreift das volle Kredenzglas, hebt es gegen die Bäuerin und spricht sie also an: „I bring dir 'n Sankt-Johannes-Segen!" Die Bäuerin ihrerseits ruft ihm zu: „I gsegn dir 'n Sankt-Johannes-Segen!" Nun trinkt der Hausherr, und zwar in drei streng gegliederten Schlucken; nach dem ersten spricht er gebetsweise „Gott Vater!", nach dem zweiten „Gott Sohn!", nach dem dritten „Gott Heiliger Geist!" Hierauf reicht er das Kredenzglas der Hausfrau. Sie ruft nun dem ältesten Sohne zu: „I bring dir 'n Sankt-Johannes-Segen!" Er hingegen spricht die Mutter an: „I gsegn dir 'n Sankt-Johannes-Segen!"

So geht es die ganze ranggeordnete Familie durch, bis der Stallbub es dem Gänsmädchen zugetrunken und diese es ihm gesegnet hat.

Ja, selbst der Bayer in der Wiege wird in die schöne Zeremonie und Volkssitte einbegriffen. Man spricht ihn mit dem vollen Segensspruch an und träufelt ihm seinen Johanniswein in den Dutzl (Anm.: Schnuller).

Das Jahr geht seinem Ende zu: Silvester

Heutzutage ersetzen Raketen und Kanonenschläge die Schüsse aus Jagdgewehren und Pistolen, damit denen man einst die Silvesternacht schon vor dem ersten Glockenschlag des neuen Jahres „einläutete". Alter Lärmkult erlebt donnernde Urständ, denn in dieser gefürchteten Losnacht sollten ja alle bösen Geister ihr Unwesen treiben.

Doch nicht nur die Hexen und Teufel wurden von den Böllerschützen verfolgt, sondern das bäuerliche Volk glaubte an so manches Geheimnis, das diese letzte Nacht im Jahr bergen sollte. Dem Aberglauben nach sollten um Mitternacht selbst Tiere zu reden beginnen und Geheimnisse der Zukunft sozusagen ausplaudern.

Silvestermirakel

Im Zuge der Flurbereinigung Schabenberg-Artmannsreuth wurde unweit von Schönberg im Bayerischen Wald ein Bildstock neu entdeckt, der von einem besonderen Silvestermirakel dieser Losnacht erzählt. Das Bild zeigt ein Ochsengespann mit einem Sarg auf dem Wagen.

Der historische Hintergrund ist folgender: Ein reicher Bauer aus der Gegend um Deggendorf glaubte den alten Geschichten, daß die Tiere in der Silvesternacht, die seit alters her als Losnacht gilt, reden können. Um der Sache auf den Grund zu gehen, legte sich der Bauer am Abend vor der Silvesternacht in den Futtertrog seiner beiden besten Zugochsen und harrte dort der Dinge, die da kommen sollten. Die Wärme des Stalls ließ ihn bald einschlafen.

Doch bald war er wieder hellwach. Eine große Unruhe bemächtigte sich des ungläubigen Bäuerleins in seinem harten Bett. Und in der Tat, als die Turmuhr der Dorfkirche die Mitternachtsstunde und damit ein neues Jahr verkündete, kam auch in seine beiden Zugochsen Bewegung. Zuerst stand der „Feibl" auf, streckte sich und sagte zu seinem Stall- und Zuggefährten: „Komm Brauner, steh auf, es hat ein neues Jahr angefangen und es wird für uns beide ein sehr schweres Jahr, denn heuer müssen wir unseren Herrn zu Grabe fahren."

Eine Todesahnung

Der Bauer, schreckensbleich ob dieser Botschaft seiner Ochsen, flüchtete aus dem Stall und war von da an, wie man sagt, ein anderer Mensch. Ja und alsbald sollte sich das Menetekel seiner Ochsen aus der Silvesternacht erfüllen.

Der Bauer, von seinem schrecklichen Erlebnis geschockt, siechte dahin und im Frühjahr raffte ihn der Tod dahin. Auf seinem Krankenlager hatte er Zeit, sein Leben nochmals zu überdenken und er kam dabei zu dem Schluß, daß es wohl besser gewesen wäre, wenn er mehr geglaubt hätte als alles was damit zusammenhängt, als Aberglauben und Humbug abzutun. Als Todkranker verfügte er, daß nach seinem Ableben eben diese beiden Ochsen, die ihn eines Besseren belehrt hatten, eingespannt werden und ihnen freie Wahl gelassen werden sollten, wohin sie den Leichnam ihres Herrn ziehen werden.

Aus seinem großen Vermögen sollte dort, wo die Ochsen das erste Mal rasten, eine Kirche erbaut werden als Vermächtnis an die Nachwelt, sich es ihm, was Glaube und Nächstenliebe anbetrifft, nicht gleichzutun. Tagelang war der sonderbare Leichenzug, den nur seine engsten Angehörigen begleiteten, unterwegs ohne anzuhalten. Erst an der Stelle, wo heute dieses Marterl steht, standen die beiden Ochsen still und so meinten die Leute, daß wohl hier der Platz sei, an dem sich das Schicksal des Bauern erfüllt und eine Bergkirche errichtet. Eine Tafel in ihrem Inneren gibt von dieser Geschichte Zeugnis. Das Bild in der kleinen Nische des Marterls bei Schönberg zeigt aber, wie man versucht, den Sarg vom Wagen zu nehmen.

Auch die Silvesternacht gilt den Altbaiern als eine Losnacht, in der die bösen Geister ihr Unwesen treiben sollen. ▶

Inhalt